Le Monde *diplomatique*

Vol . 183   Décembre · 2023

Article de couverture

야만인과 문명인

글 · 알랭 그레쉬

아이를 둔 부모에게 그 아이를 잃는 것보다 더 파괴적인 사건이 있을 수 있을까? 직접 겪어보지 않고서는 감히 가늠할 수조차 없는 비극이리라. 질병으로 인해 아이를 잃게 된다면 '운명'을 탓할 수밖에 없을 것이고, 교통사고 때문이라면 사고를 일으킨 운전자를 고발할 수도 있을 것이다. 그런데 아이가 그저 학교나 슈퍼마켓을 가던 중 테러 사건에 휘말려 목숨을 잃었다면, 그때는 누구를 탓해야 할까? 화살은 당연히 테러범에게 향하지 않겠는가?

16면 계속▶

23

61

69

Dossier

Economie

Mondial

88

Corée

Culture

99

기획연재

115

비동맹 노선을 지지하는 독립언론의 다짐

〈르몽드 디플로마티크〉를 후원하는 이유

브누아 브레빌 | 〈르몽드 디플로마티크〉 프랑스어판 발행인
피에르 랭베르 | 기자

우리의 나침반은 흔들리지 않았다

2008년 금융위기, 기후위기와 러시아의 우크라이나 침공, 중동의 혼란 등 세계는 지난 15년간 지적·지정학적 나침반을 뒤흔드는 일련의 충격을 겪었다. 그러나 현재 거의 유일하게 독자적인 비동맹 노선을 지지하는 〈르몽드 디플로마티크〉(이하 〈르디플로〉)의 나침반만은 흔들리지 않았다. 우리는 〈르디플로〉의 독자에게 그 투쟁을 지지해줄 것을 촉구하는 바이다.

약 1년 전인 2022년 10월 19일, 유럽연합(EU) 집행위원회 위원장은 브뤼셀의 EU 의회에서 엄숙한 목소리로 연설했다. 위원장 우르줄라 폰 데어 라이엔은 "겨울을 앞두고 남성, 여성, 어린이에게 물, 전기, 난방 공급을 막으려는 명백한 목적으로 민간 기반시설을 표적 공격하는 것은 전적으로 테러 행위이며, 우리는 그런 행위를 테러로 간주해야 한다"라고 입장을 밝혔다. 그러나 서구진영 동맹이 '표적 공격'을 하는 경우에는 이 규칙이 적용되지 않는다. 10월 7일 하마스가 벌인 군사작전에서 이스라엘 민간인 수백 명이 떼죽음을 당한 뒤(300여 명의 군인을 비롯해 1,400명 이상이 사망했다), 이스라엘의 요아브 갈란트 국방장관은 가자지구를 전면 포위하겠다고 발표하면서 이렇게 말했다. "전기, 식량, 가스 등 모든 것이 끊길 것이다. (…) 우리는 인간이라는 동물과 싸우고 있으며 그에 상응하는 방식으로 행동할 것이다.(10월 9일)" 이틀 뒤, 무차별적 폭격(러시아군이 주로 쓰는 진격 방식이나 다른 전투에서도 사용된다)으로 폐허가 된 주거지, 학교, 병원, 언론사 건물의 잔해에서 팔레스타인 시신 1,200구가 이미 수습됐다. 그곳에 대

원들이 피신해 있을 가능성 때문이었다. 우르줄라 폰 데어 라이엔은 담대하게 이렇게 말했다. "유럽은 이스라엘을 지지한다." 프랑스에서는 야엘 브론-피베 국회의장이 "프랑스를 대표하여" 이스라엘 정부를 "무조건 지지한다"고 발표했다.

프랑스 언론은 하마스 대원들이 저지른 전쟁 범죄에 초점을 맞춰 이스라엘-팔레스타인 분쟁 전체를 '이슬람 테러리즘'의 관점에서 재구성했다. 이 같은 유형의 다각적 공격으로 초토화된 한 나라를 이런 식으로 재구성하기 시작하자, 이제 곧 언론은 정보 제공이 아니라 권력을 쥔 쪽의 강경한 입장을 전달하거나 그 문제를 논하는 이들을 집요하게 공격하는 역할을 하게 된다.

코로나 당시 프랑스 정부는 이동제한 조치로 기본적 자유를 침해했으나 민주주의의 수호자라고 자처하는 이들은 이의를 제기하지 않았고, 하마스 공격이 있고 난 그다음 주에 프랑스 정부는 팔레스타인에 대한 지지 표명을 금지함으로써 이 기본적 자유에 다시 한번 타격을 가했다. 10월 10일 프랑스 법무부 장관은 "하마스나 이슬람 지하드를 호의적으로 판단하도록 선동하는 메시지의 공개 유포 행위"를 금지하는, 자유 침해 성격의 공문을 검찰에 보냈다. "일반적 관심사를 논하는 범위 내에서 관련 이야기를 하거나, 정치적 성격의 대화에 참여하는 것이라고 주장해도" 마찬가지다. 이런 내용의 공문이 공개되자 반대쪽 핵심 인물들은 즉시 '논쟁'을 시작했다. 논쟁 주제는 자신들이 보증한다고 주장하는 그 '표현의 자유'가 아니었다. 태생부터 테러리스트로 규정된 팔레스타인 저항의 정당성을 인정하는 정당을 추구하거나 해산해야 할 필요성에 관한 것이었다. 샤를 드골과 자크

<구멍이 있는 이야기들>, 2014 - 에리크 살

시라크가 그들의 시대에 옹호했던 접근방식이다.

탈식민지화와 비동맹운동에 동참한 <르디플로>

언론사 편집진의 편견은 악의적인 의도보다는 진지한 맹목에서 비롯된 것이다. 그들이 '이중 잣대'로 상황을 판단한다고 비판하는 것은, 결국 그들이 오래전 포기한 인간에 대한 평등한 대우나 평등한 존엄성이라는 규범에서 멀어지는 것을 개탄하는 것과 같다. 공영 TV의 전직 간판 앵커 다비드 푸하다스는 LCI(10월 11일)에서 그야말로 초인적인 공감능력을 발휘하여 자신과 같은 직업에 종사하는 많은 고위직 인사들의 정신상태를 이렇게 정리했다. "러시아인들이 러시아 정부와 한패라면 가자지구 사람은 하마스와 한패라고 생각해야 한다."

"가자지구의 민간인 한 명은 이스라엘의 민간인 한 명과 같다고 말해야 하는가?"

아마도 그가 보기에, 하마스를 '테러리스트'로 규정하지 않았다고 해서 격렬한 비난을 받은 BBC 국제부 팀장의 반응보다 더 의아한 것은 없었을 것이다. "우리가 해야 할 일은 시청자에게 사실을 제시하고 그들이 자신의 의견을 스스로 정하게 만드는 것이다."(1)

2015년과 2016년의 공격으로 급진화된 프랑스 유력 언론인들은 미국, EU, 프랑스 정부의 정책을 비판하는 관점을 본능적으로 선동이나 불법행위와 동일시한다. 그들에게 정보 제공이란 대서양주의의 가치라는 리트머스로 사실들을 걸러내는 것을 의미한다. 그들의 '국제 공동체'는 서구의 형제애를 말한다. 모스크바에서 한 여기자가 살해되자, 그들은 권위주의 체제에 문제 제기를 해야겠다는, 정당한 생각을 하게 된다. 팔레스타인 출신의 동료 기자들은 이에 축 처진 어깨를 으쓱했다. 2023년 전 세계에서 사망한 기자의 1/3이 10월 14일 이스라엘에 의해 살해됐다.(2) 러시아나 하마스에 관한 허위 정보에 대해서는 수천 건의 기사가 자세히 보도하지만, 우크라이나와 이스라엘 관련 가짜뉴스는 별문제 없이 빠져나간다. 이스라엘-팔레스타인 분쟁에 관한 보도에는 역사의 진실을 오도한다는 또 다른 문제가 있다. 팔레스타인의 공격에 관한 TV 뉴스는 요약해서 짤막하게 보도된다. 그러나 식민지화, 추방, 살인, 우물과 농작물 파괴, 굴욕 등 공격에 앞서 벌어진 일들에 침묵하는 것은 결국 계획적으로 이스라엘을 자신을 방어하는 피해자로 보여주는 것이다. 예컨대, 〈BFM TV〉의 벵자맹 뒤아멜 기자는 가자지구 폭격에 대해 "이스라엘 정부가 공격에 대응했다"라고 말했다(2023년 10월 13일).

〈르디플로〉는 언론 편집과 관련한 아파르트헤이트에 반대하는 뜻에서 설립됐다. 1954년 창설 이래 1980년대까지, 〈르디플로〉는 두 진영 중 어느 하나를 선택하기를 거부하고 대부분은 사회주의 기치 아래 자율적 발전을 통한 민족의 독립을 지지하는 국가들의 탈식민지화 운동과 비동맹 운동에 동참해왔다.

당시 〈르디플로〉는 혼자가 아니었다. 〈렉스프레스〉, 〈르 누벨 옵세르바퇴르〉, 〈르몽드〉가 민간인 학살의 주동자이기도 한 알제리 민족해방전선(FLN)의 '테러리스트들'에 대한 이해를 표명했고, 심지어 그들의 옹호자 역할을 했다.(3) 이 세 매체의 메시지는 '서구 쪽'에 퍼져나갔다. 그런데 오늘날 서구진영에 자신의 존재를 주장하는 남반구 저개발국가들은 반세기 전에 식민지의 굴레를 벗어버린 이 신세계와는 거의 관련이 없다. 자유시장 체제로 전환되고, 파편화되고, 해방의 유토피아가 없는 이 저개발국가들은 국제 세력의 균형이 재편되기를 요구하지만, 자신의 영역에서 북반구와 더 효과적으로 경쟁하기를 바라기도 한다. 따라서 〈르디플로〉 같은 매체로서는 서구 중심의 거품 위를 떠다니지 않기가 그 어느 때보다 힘들다. 첨예한 위기가 발생하는 시기 말고는, 국제 문제가 활발히 논의되는 환경은 위축된다. 또한 정치계가 미국의 입장을 따르면서 진보의 활력소가 부족해지는 상황이다. 새로운 정보기술의 급격한 변화도 이런 일반적 추세를 뒤집지는 못한다.

객관성이란 위선적 가면을 쓰지 않았다

스크롤. 스마트폰에서 길이가 짧은 동영상을 스크롤한다. 처음에는 찾고자 하는 정보와 관련된 동영상을 스크롤하다가 알고리즘이 선별해준 다른 관련 동영상을 스크롤한다. 그러다 처음에 찾으려던 주제와는 관련 없는 다른 동영상을 스크롤하게 된다. 손가락은 끝도 없이 기계적으로 화면을 터치한다. 이미지의 흐름에 따라 애초에 답을 찾고 있던 의식은 어느새 무감각한 상태에 빠져 자신도 모르게 사라지고 만다. 보고자 하는 억제할 수 없는 욕망을 뜻하는 스코픽 드라이브(scopic drive)는 시선을 화면에 고정시키고 뇌의 스위치를 꺼버린다. 디지털 산업은 정보 사용자를 고양이 사진과 학살 장면들을 오가는 몽유병자 부대로 만들고 싶어 한다. 그들은 지식에 접근하는 방식의 균형을 슬그머니 근본적으로 바꿔버렸다. 바로 읽기 영역을 축소시키고 이미지의 영역을 확장시킨 것이다.

읽기. 종이나 화면으로 소설이나 에세이를 읽고 신문을 훑어보는 것. 실리콘밸리의 투자자들이 보기에 이 행위는 구시대적이고 위험하기까지 하다. 시간이 많이 걸리고 관심과 집중을 요하는 이 행위는 상상과 꿈과 회피에 열려 있는, '자기 자신이 되는' 능력에 대해서도, 또한 신문의 타이틀 선택과 일정 관리에 대해서도 개인의 주권을 표현한다. 사용 가능한 뇌의 시간을 파는 새로운 판매자는 "읽고 있습니까? 대신 이미지를 보세요"라고 맞받아친다.

2006년 구글이 유튜브를 인수하고 소셜 네트워크가 발전하면서, 적나라하고 (대부분 잔인한) 짧은 동영상이 정보의 지배적 형식으로 자리 잡았다. 휴대폰, 드론, CCTV를 활용해 당사자나 목격자가 촬영한 이 영상들은 전체적인 맥락에서 분리되어 공감 또는 증오의 감정, 생각보다 행동이 앞서는 강박적 충동, 수익을 불러

오는 바이럴 마케팅을 자극한다. 2015~2016년 이슬람 국가(IS)가 교묘하게 자행한 공격과 학살은 그런 것들을 일상화했다. 의도적 무지를 조장하는 테러의 시각적 이미지는 뉴스채널 화면과, 미 서부해안 엔지니어들이 개설한 튜브를 배출구 삼아 제공됐다. '릴스', '스토리', '쇼츠', '스냅스' 등으로 불리는 숏폼 서비스에는 생일 케이크, 댄스 동작, 킬리안 음바페의 결승골, 살인 장면이 연속으로 이어지는데, 이런 숏폼은 이제 인스타그램, 틱톡뿐 아니라 X(트위터)처럼 초기에 구축된 문자 위주 플랫폼에서에서도 1위를 차지한다.

24시간 뉴스채널과 이런 서비스의 압박 속에서, 대다수 주요 언론사는 주로 은퇴자들인 기존 독자층보다 훨씬 젊은 독자들을 유인하기 위해 언론사 인터넷 사이트 홈페이지 메인 화면에 숏폼 콘텐츠를 개설했다. X(트위터)의 익명 사용자부터 정치인들까지, 모두가 그 이미지들이 마치 사건 그 자체인 것처럼 반응한다. 〈리베라시옹〉은 녹색당 사무총장에게 "초기의 이미지들을 보고 어떤 반응을 보였습니까?"라고 물었다(10월 13일). "모두가 볼 수 있었던 그 이미지들은 하마스가 자행한 테러 공격의 절대적 공포를 보여줍니다."

확실한 자료분석으로 주변의 광란에 맞서

그 이미지들이 가하는 충격 속에서 끊임없이 발생하는 모든 사건에 반응하지 않으면 이제 몰상식하다는 말을 들을 것이다. 더 나쁜 것은 그것이 비인간성을 보여줄 것이라는 점이다. 프랑스 〈앵테르〉와 〈리베라시옹〉의 기자 토마 르그랑은 라 프랑스 앵수미즈(LFI)가 충분히 빨리 감정에 굴복하지 않았다고 비판하는 정치적 충동의 미덕을 이렇게 이론화했다. "정치운동의 진짜 본질은, 그것이 여전히 근본 원칙의 문제이고 해당 주제의 모든 요소를 따질 시간이 없을 때, 어떤 극적 사건에 보이는 최초의 반응으로 평가할 수 있다."(〈리베라시옹〉, 2023년 10월 10일) 아찔한 반전이다. 선출직 공무원들과 지도자들은 이성의 저울로 원인과 결과를 따지기 위해 그 극적 사건으로부터 간신히 빠져나오는 자신들의 능력에

오랫동안 자부심을 가져왔기 때문이다.

어떤 신문이 이 순간성의 영향력에 저항하고 그것이 정보에 부여하는 감정적 진동을 거부할 수 있을까? 거기다 젊은 세대는 소셜 네트워크나 인플루언서를 통해서만 정보를 얻는다고 (가끔 잘못) 알려진 공식까지 생각해본다면, 〈르디플로〉는 이제 한물간 것처럼 보일지도 모르겠다. 그럼에도 내년 5월이면 70주년을 맞이하는 우리 월간지는 국제 뉴스와 사상 논쟁이 요구하는 시간, 성찰, 관심을 우리 독자들에게 지속적으로 호소하고 있다.

〈르디플로〉는 역사적 관점, 전문기자가 담당하는 보도, 참여적이지만 근거 자료가 확실한 분석으로 주변의 광란에 맞선다. 우리는 객관성이라는 위선적인 가면을 쓰고 우리 자신의 의견을 숨기지 않는다. 우리는 독자들 중에 우리 의견에 반대하는 사람이 있다는 사실에 자부심을 느낀다. 그들은 특정 주제에 대해서는 우리 입장을 인정하지 않더라도, 우리의 칼럼에서 설교가 아니라 다른 데서는 볼 수 없는 날짜와 출처가 있는 팩트를 찾을 수 있다는 점을 높이 평가한다. 이미지가 제공하는 재미랄 게 없는, 거의 금욕에 가까운 이런 절제가 매력적이지 않다는 것은 인정한다. 영상 토론도 없고 소파 인터뷰도 없고, 유명인의 사진도 없고 뉴스피드도 없으며, '최고의 여행용 쿠션'을 집중 분석하는 소비자 섹션도 없다. 1995년 2월에 서비스를 시작한 〈르디플로〉 인터넷 사이트는 광고 판매나 방문자 정보를 재판매할 목적이 아니라, 독자가 읽고 들을 수 있도록 우리 기사를 제공하기 위해 개설했다. 그럼에도 〈르디플로〉는 존재한다. 언론 위기가 신문을 휩쓸고 있는 동안에도 최근까지 발행부수를 유지하고 영향력을 확대해왔다.

자율성과 독립성을 보장해주었던 구독자들

우리가 자유롭게 우리만의 길을 선택할 수 있었던 것은 〈르디플로〉의 근간을 이루는 독특한 경제 모델 덕분이다. 1996년부터 이 조직은 우리에게 자율성과 독립성을 보장해주었다. 1996년에 〈르디플로〉 동호회에 모

인 신문 구독자는 자본의 25%를 사들였다. 또한 군터 홀츠만(이 운동을 추진하는 데 도움을 준 유산을 기부한 통 큰 기부자의 이름) 협회로 통합된 팀이 지분의 24%를 소유한다. 이 두 주주는 회사에 중대한 결정에 대해 거부권을 행사할 수 있다. 무엇보다도 이사진은 기자는 물론이고 〈르디플로〉에 소속된 소규모 팀 전체가 6년마다 선출한다.

르몽드 출판그룹 내에서 당시까지 규모가 작은 서비스에 불과했던 〈르디플로〉의 자회사를 설립하면서 당시 이 신문을 이끌었던 이냐시오 라모네와 베르나르 카셍은 과감하게 소유권 문제를 제기했다. 그때는 그런 얘기를 꺼내는 것만으로도 언론사 간부들이 불같이 화를

내던 시기였다. 르몽드 출판그룹의 로랑 조프랭은 카날플뤼스(1999년 6월 11일)에서 "우리가 경제적 이익에 사로잡히는 순간 자유롭지 못할 거라는 주장을 따른다면 자회사 설립은 어불성설이다"라며 독설을 퍼부었다. 파트리크 푸아브르 다르보르는 "지적 테러리즘"이라 평했고, 심지어 프란츠-올리비에 기스베르는 (극우주의자인 장마리 르펜의 포퓰리즘에 견주어) "비밀-르펜주의 포퓰리즘"이라고 반박했다.(4) 우리의 영역이 엉망이 된 건 확실했다.

25년이 지난 지금, "9명의 억만장자가 미디어의 90%를 소유하고 있다"는 말은 우리가 눈을 부라리며 개탄할 만큼 거의 기정사실처럼 들린다. 우리도 완전히 관

〈르몽드 디플로마티크〉 33개 외국어판
언어학적 다양성, 풍부하고 까칠한 저널리즘

구글 출시 이후 〈르몽드 디플로마티크〉는 25주년을 맞이했다. 전 세계의 모든 언어학적 다양성은 자동번역 소프트웨어로 손쉽게 번역되거나 (기본적인 영미식) 글로비시의 기초 구문이라는 비난을 받는다. 전부 그럴까? 아니다! 뚝심 있는 많은 언론인이 포진해 있는 한 일간지가 아직 저항하고 있기 때문이다. 소규모 팀들이 매달 〈르몽드 디플로마티크〉의 기사들을 전 세계 곳곳의 가장 많이 사용되는 언어(영어, 스페인어 등)에서 가장 적게 사용되는 언어(쿠르드어, 한국어, 노르웨이어, 에스페란토어 등)에 이르기까지 자신들의 언어로 계속해서 번역하고 있다.

이런 국제적 개방성은 새로운 일은 아니다. 일찍이 〈르몽드 디플로마티크〉는 외국에서 판매되는 프랑스어 정기간행물이 아니라, 프랑스에서 제작되는 국제신문을 지향했다. 1970년대 중반 포르투갈과 그리스에서 독재정권이 무너진 뒤로, 이 두 나라에서 〈르몽드 디플로마티크〉 포르투갈어판과 그리스어판이 나왔다. 이어서 중남미에서, 1990년부터는 중유럽과 동유럽 국가들에서, 그리고 마지막으로 아시아에서 다른 판들이 이어졌다. 2021년에는 스웨덴의 온라인 신문 플라망(Flamman)과 우루과이의 일간지 〈라 디아리아(La Diaria)〉가 이 독보적 네트워크에 합류했고, 현재 24개 국어와 33개 출판 파트너십을 보유하고 있다.

그러나 우리는 완전히, 전 세계적인 언론 제국을 상상하는 것은 아니다! 각국 판들의 대부분은 자신의 시간을 아끼지 않고 한정된 자원만을 사용할 수 있는 아주 작은 그룹의 사람들이 품은 강한 동기에 기반을 두고 있다. 이런 이유로 독자들의 지지가 이들의 생명력과 자질을 가장 잘 보장해주는 것이다.

〈르몽드 디플로마티크〉 국제판 네트워크는 전 세계 지성들의 삶에 함께한다. 이를 테면 2022년 2월, 그리스어, 마케도니아어, 알바니아어, 세르비아어, 튀르키예어, 불가리아어 판이 파리의 국립동방언어문명연구소(Inalco)에서 열린 발칸도서전에 참여했다. 2022년 9월부터, 브라질어, 포르투갈어, 러시아어, 페르시아어, 영어, 스페인어 등 6개 판이 국제방송국 〈라디오 프랑스 앵테르나쇼날(RFI)〉의 관련 부서와 협력해오고 있다. 풍부하고 까칠한 저널리즘에 대한 인정·언어학적 다양성은 마법의 묘약 같은 맛이 난다.

다음 인터넷 주소에서 〈르몽드 디플로마티크〉 국제판 목록과 연락처를 확인할 수 있다.

https://www.monde-diplomatique.fr/diplo/int ɭᴅ

글·안 세실 로베르 Anne-Cécile Robert

번역·조민영

련이 없다고 할 수는 없다. "프랑스 미디어, 누가 무엇을 소유했는가"를 보여주는 지도는 〈르디플로〉에서 가장 많이 참조된 기사 순위를 수년간 점유해왔다.

2007년 미디어 비평 및 사회조사 격월간지 〈르 플랑 B(Le Plan B)〉에 게재된 첫 번째 지도는 무슨 부끄러운 물건처럼 은밀하게 세상에 나왔다. 당시 언론사 대표들은 윤리 강령, 주주 협약 및 소유권과 지배권을 분리하는 것으로 추정되는 기타 서류더미에 기대를 걸었다. 2016년 〈i-Télé〉 방송국이 뱅상 볼로레에 의해 갑작스럽게 무너졌고, 이 유명 뉴스 채널은 〈CNews〉라는 이름 아래 극우의 보루로 탈바꿈했다.

〈르 주르날 뒤 디망슈〉도 비슷한 운명을 겪었고, 일론 머스크는 트위터를 인수하여 이념적 변화를 꾀했다. 이런 일들은 로랑 조프랭이 혐오했던 그 주장이 결국 그렇게 허술한 건 아니었다는 사실을 순진한 사람들에게 보여줬다. 이후 고등학교 및 여러 교육기관에서 수많은

교무실을 환하게 비춰줄 이 지도를 무료로 사용할 수 있게 해달라고 수시로 〈르디플로〉에 승인 요청을 한다(물론 항상 허용된다). 우리는 12월호에, 이제 꼭 필요한 마법의 주문이 된 이 지도를 업데이트하여 새 버전을 게재할 예정이다.

그러나 그 성공은 오해를 가린다. 이런 형식으로 주요 커뮤니케이션 수단의 소유권 문제를 제기함으로써, 〈르디플로〉는 구조적 접근방식을 제안했다. 정보는 필수적인 집단 서비스인데도 낮은 비용으로 생산되기 때문이다. 따라서 사회보장 모델에 따라 정보를 사회화하여 시장과 국가의 검열로부터 정보를 보호하는 것이 적절하다.(5)

이제는 누구나 다 아는 '9명의 억만장자'라는 허수아비는 중대한 결과를 빚어내는 미디어의 일탈을 무시할 수 있게 해주지만, 주주의 힘으로는 다음과 같은 것을 절대 설명할 수 없다. 즉 민영방송(〈TF1〉, 〈RTL〉)이

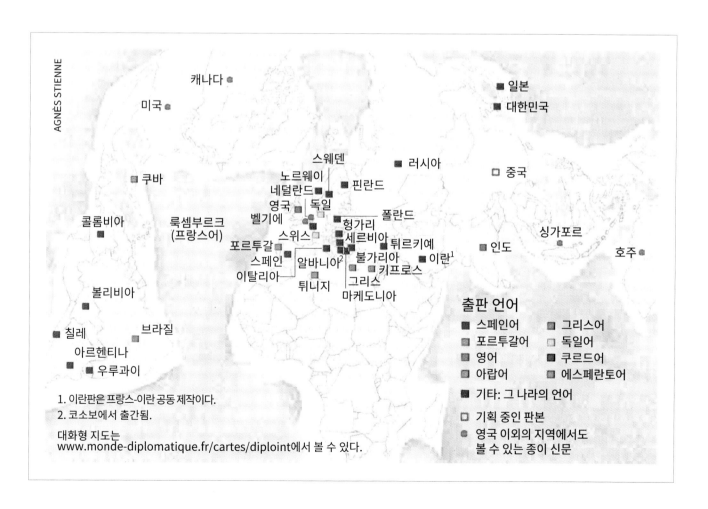

AGNÈS STIENNE

캐나다
미국
쿠바
콜롬비아
룩셈부르크 (프랑스어)
볼리비아
칠레   브라질
아르헨티나
우루과이

일본
대한민국
스웨덴   러시아
노르웨이   중국
네덜란드   핀란드
영국 독일
벨기에   폴란드
스위스   헝가리   싱가포르
포르투갈   세르비아   튀르키예   인도
스페인   알바니아   불가리아   이란¹   호주
이탈리아   튀니지   키프로스
그리스
마케도니아

1. 이란판은 프랑스-이란 공동 제작이다.
2. 코소보에서 출간됨.

대화형 지도는
www.monde-diplomatique.fr/cartes/diploint에서 볼 수 있다.

출판 언어

■ 스페인어 　 ■ 그리스어
■ 포르투갈어 　 □ 독일어
■ 영어 　 ■ 쿠르드어
■ 아랍어 　 ■ 에스페란토어

■ 기타: 그 나라의 언어

□ 기획 중인 판본

● 영국 이외의 지역에서도
　 볼 수 있는 종이 신문

든 공영방송(〈프랑스 텔레비지옹〉, 〈프랑스 앵테르〉)이든, 독립 출판물(〈메디아파르〉)이든 기업 관련 출판물(〈리베라시옹〉, 〈르 피가로〉)이든, 2020년 보건위기로 인한 이동제한이나 우크라이나 전쟁 같은 특정 주제를 같은 비중으로 다루는 것이 관찰된다는 점이다.

팬데믹 2년 후, 줄어든 유료 발행부수

편집진의 친서구적 급진화, 이미지와 감정으로 압도하는 정보, 자동화로 인한 싸구려 저널리즘의 득세, 유통망의 마멸 등, 이런 요인들은 확실히 〈르디플로〉에 호의적이라고 할 수 없다. 코로나로 인한 이동제한으로 구독이 급증했으나 팬데믹 이후 2년이 지난 지금은 잦아든 상태다. 올해 초부터 단권 판매는 감소했다. 2023년 전체 유료 발행부수는 전년 대비 약 8% 감소해 월 16만 부를 간신히 넘을 것으로 예상된다. 편

집부나 구독 서비스로 접수된 메일을 보면 반복해서 드러나는 두 가지 감소 원인은 바로 시간과 돈이다. 읽을 기회를 찾지 못한 채 신문이 탁자 위에 몇 주간 그대로 놓여 있다면 누가 굳이 신문을 사겠는가? 그리고 인플레이션으로 구매력이 약화된 이 시점에, 먼 바다 쪽을 향해 있는 월간지를 정말 필수품에 넣어야 할까?

다른 많은 신문도 어려움을 겪고 있다. 2023년 8월 프랑스 전국 일간지 판매량은 전년 대비 8.6% 감소했고, 주간지는 10.4%, 월간지는 12.1%까지 하락했다. 지역 언론도 어렵기는 마찬가지이며, 1월부터 해고 계획을 늘리고 있다. 〈쉬드-우에스트(Sud- Ouest)〉에서 19개, 〈미디 리브르(Midi libre)〉에서 45개, 〈라 부아 뒤 노르(La Voix du Nord)〉에서 55개 일자리가 사라졌다. 이런 인명 손실로 언론 방송 네트워크는 더 약화되고, 그 수는 2011년에 2만 8,579개에서 2022년 2만 232개로 줄었다. 지난 18개월간 라 불트 쉬르 론(La Voulte-sur-Rhône), 사르부르(Sarrebourg), 리지외, 테랑(Teyran), 퐁 생트 막상스(Pont-Sainte-Maxence)의 중심 도시들에서 지역 신문 직판점이 없어졌다. 신문사가 법정청산에 들어가고, 인수인계 받을 사람 없이 퇴직해야 하며, 급여를 일정하게 받을 수도 없는 마당에 누가 주 60시간씩 일하고 싶어 하겠는가?

이런 연쇄적 폐업은 구매자 수가 감소하면서 직판점이 문을 닫는

악순환으로 이어지며, 결국 하나의 출판물을 직접 접하고, 표지와 목차를 훑어보고, 그것을 구매하고, 그것에 열중할 기회도 줄어들게 된다. 그러자 언론사들은 디지털을 활용하고, 할인된 가격으로 구독 제안을 늘리고 있다(일간지 〈리베라시옹〉의 연 구독료는 36유로이고, 구글에서 보조금을 제공한다). 이런 파격적인 가격으로 구독자는 소셜 네트워크에서 수집한 링크에 접속할 수 있고, 대형 플랫폼에서 정보를 얻을 수 있다. 이제는 어떤 중심축(편집진의 의도)을 따라 조직된 메시지를 페이지 위에 구성하는 게 아니라, 거대한 디지털 바다 위에 뉴스 기사를 흩뿌리는 것이다.

배우들이 읽어주는 기사 오디오 자료

이 전략에 장점들만 있는 것 같지만, 자칫 지지자들을 실망시킬 위험이 있다. 언론에 저작권을 지불하고(2021년 1월 도널드 트럼프 지지자들이 미 국회의사당에 난입한 이후 그랬던 것처럼), 몇몇 플랫폼은 정치적 분열을 악화시킨다는 비난을 듣는 데 이골이 난 나머지 언론기사에 미칠 피해를 감수하고 알고리즘을 수정했다. X(트위터)는 논쟁의 여지가 있는 인플루언서를 선호한다. 페이스북은 개인 게시물과 사생활을 선호한다. 테스트 결과, 마크 저커버그의 회사는 〈뉴욕타임스〉나 〈월스트리트저널〉 사이트로 유입되는 트래픽을 40~60%까지 줄일 수 있는 것으로 나타났다. 예를 들어 정치 및 사회 문제를 주로 다루는 미국의 좌익 월간지 〈머더 존스(Mother Jones)〉는 2022년에 자사의 페이스북 방문자 수가 75% 감소했다고 봤다.(6) 〈르디플로〉도 이런 부정 조작으로부터 자유롭지 않다. 〈르디플로〉는 소셜 네트워크에 거의 의존하지 않지만, 소셜 네트워크를 통해 많은 새로운 독자가 〈르디플로〉 사이트로 유입됐다. 물론 극적인 국제 뉴스는 여전히 사람들을 우리 칼럼으로 이끈다. 그러나 요즘 이런 주제는 흥미를 유발하기보다는 사람들을 성가시게 만드는 경우가 훨씬 많다.

그러므로 프랑스 언론의 성향에 반하는 우리의 '독자적 비동맹' 세계관을 대중화하려면 〈르디플로〉는 아직 더 많이 배포돼야 한다. 한발 물러서서 현재의 사건을 보고자 하는 우리의 의지는 예술의 규칙, 즉 온라인과 종이 위에 손수 엮은 신문으로 우리의 주장을 제시하려는 의지와 맞물린다. 각 기사란, 제목, 이미지는 프로덕션 아티스트, 교정자, 사진제판공, 도판 담당자, 그래픽 디자이너가 구현한 보이지 않는 작업의 결과물이다. 우리의 '동료들'은 이런 전통적인 일들을 자동화한다. 이 분야의 선구자이자, 대형 일간지 〈빌트(Bild)〉와 〈디 벨트(Die Welt)〉 소유주인 독일 그룹 악셀 스프링거는 지난 2월, AI 시대에 불필요하다고 판단한 수백 개 직위를 없애겠다고 발표했다. 경영진은 "우리는 앞으로 수익성이 전혀 없을 제품, 프로젝트, 업무 수행 방식과 갈라설 것이다"라고 설명했다(2023년 6월 19일, 〈샬랑주(Challenges)〉). 소프트웨어는 오탈자를 수정할 수는 있지만, 수치 오류, 불명확한 표현, 일관성 없는 논리를 찾아내지는 못한다. 〈르디플로〉에서는 각 기사를 2명의 교정자가 검토한다. 과거에는 대부분 이런 방식으로 일했지만 지금은 이런 관행이 거의 사라졌다.

이런 편리한 지원은 이제 너무 비용이 많이 들어서 사라질 거라고 우리 동료들이 확신했을 때, 우리는 오랜 시간에 걸쳐 더 질 좋은 종이를 쓰기로 했다. 언론계에서 〈르디플로〉는 음반업계의 LP판 같은 존재일 거라고들 한다. 잡음과 저급한 통신이 판치는 세상에서, 선구자가 품격 있는 것을 찾으러 오는 섬 같은 존재라고 말이다. 그러나 우리는 이런 보루에 갇혀 있을 생각이 없다. 우리는 10월 27일 새 애플리케이션을 출시했고, 이 앱을 통해 〈르디플로〉와 〈마니에르 드 부아르〉의 호별 기사를 쉽고 우아하고 편안하게 읽을 수 있으며, 배우들이 기사를 읽어주는 오디오 자료도 이용할 수 있다.

어떤 발언을 하면 금세 유행, 화제, 논쟁으로 변하는 시기에, 〈르디플로〉는 일관성을 유지하고 있다. 따라서 우리는 우리가 맞서 싸우는 세력이 우리 노선을 어용화하고 왜곡한다 해도, 그 때문에 우리 노선이나 명분을 바꾸지는 않을 것이다. (극우주의자인) 마린 르펜과 에릭 제무르는 보호주의의 미덕을 찬양하는 동시에 EU와 단일 통화 비판도 서슴지 않는다. 도널드 트럼프와 헝가리 총리 빅토르 오르반은 북대서양조약기구(NATO)가 특정 상황에 개입하는 것을 비난한다. 미국의 '대안 우파(alternative right)'는 거대 인터넷 기업의 검열에 맞서 표현의 자유를 수호한다고 주장한다. <르디플로>는 환경이 좋지 않다는 핑계로 사상 투쟁을 포기하는 대신, 바람에 날리는 깃발처럼 새로운 전향자의 위선을 꺾어버릴 것이다. '대안 우파'는 인터넷에서 (인종차별적 발언을 하기 위해) 표현의 자유를 옹호하지만, 교과서나 진보성향의 저작물을 금지하고, 팔레스타인인을 옹호한 미국 민주당 의원 일한 오마르를 외교위원회에서 축출했다.

폭풍우 치는 날에 흔들림 없이 경로를 안정시킬 수는 없다. '적색파시즘', '음모론자', '저널리즘의 난파', '친러시아 걸레', '서구의 적들', '테러리스트집단 하마스의 친구들', '항상 범죄를 옹호하는 신문'. 소셜 네트워크에는 이런 류의 글들이 넘쳐나는데, 이런 글이 매번 우리가 적으로 선언해온 존재들에 의해 퍼지는 것은 아니다. 공동의 대의를 바탕으로 단결할 수 있는 사람들 사이의 분열을 분석하고 미래의 승리를 위해서라면 어떤 대가를 치르더라도 정치적 패배를 이해하려고 애쓰는 것은, 의심할 이유보다 믿고 싶은 의지가 더 큰 사람들에게 짜증과 실망을 불러일으킬 수도 있다. 이것은 냉철한 정신이 치러야 할 대가이며, 이런 형태의 저항이 없으면 싸움은 싸워보기도 전에 끝난다. 게다가 독자의 확신을 부풀리려고 만든 신문이 무슨 소용이 있겠는가? 장폴 사르트르가 언급했듯이, 때로는 "어떤 이념이 우리에게 불만을 야기한다면, 그 불만을 기준으로 그 이념의 증거를 측정해야" 한다.

<르디플로>를 알리자

장인정신으로 국제신문을 만드는 이런 야망은 여러분의 군건한 지원과 참여가 있어야만 실현될 수 있다. 우리 신문이 어려운 고비를 넘을 때마다, 여러분의 열정이 우리와 함께했고 영감을 주었다. 우리는 아직 <르디플로>를 모르는 사람들에게 <르디플로>를 알리고 구독을 독려해주기를 이번에도, 다시금 요청한다. 친구, 가족, 동료, 동지들을 동원하자. 이 구독 캠페인은 <르디플로>와 친구들 모임이 공동으로 주관한다. X(트위터), 페이스북, 인스타그램이 언론을 망가뜨리려고 로봇을 재프로그램한다고? 우리의 남녀 독자들이 가장 강력한 소셜 네트워크를 형성하고 있으므로, 우리에겐 무엇보다 독자가 굉장히 중요하다. 아마도 당신은 이 독특한 출판물을 설명할 방법을 우리보다 더 잘 알고 있을 것이다. 물론 이런 말도 흔하게 들을 것이다. "시간이 없어요." 그러나 끊이지 않는 정보와 플랫폼에서 때로 쓸모없이 탕진되는, 시간이라는 이 희귀한 자원(프랑스 현역 노동자의 경우 하루 평균 1시간)조차도 무언가에 다시 빼앗기고 있다. 이냐시오 라모네는 "정보를 찾는 것도 귀찮다"고 말한다.(7) 그럴지도 모른다. 하지만 그것은 독자적인 판단을 깨워줄 조건이자 집단 해방의 근간이다. ⒧

글·브누아 브레빌 Benoît Bréville
<르몽드 디플로마티크> 프랑스어판 발행인
피에르 랭베르 Pierre Rimbert
기자

번역·조민영
번역위원

(1) John Simpson, 'Why the BBC doesn't call Hamas militants "terrorists" 왜 BBC는 하마스를 '테러리스트'라고 부르지 않는가', BBC, 2023년 10월 11일, www.bbc.com
(2) 출처 : Reporters sans frontières et Committee to Protect Journalists 국경 없는 기자회 및 언론인 보호위원회.
(3) Gisèle Halimi, 'Avec les accusés d'El Halia 사형 선고를 받은 엘 알리아의 무고한 피고인들', <르몽드 디플로마티크> 프랑스어판 2020년 8월호, 한국어판 2020년 9월호 참고.
(4) 세르주 알리미의 저서 『Les Nouveaux Chiens de garde 새로운 경비견』(1997년 출간)이 불러일으킨 밀어들의 즐거운 모음집을 2022년 레종 다지르(Raisons d'agir) 출판사에서 펴낸 개정 증보판을 통해 만날 수 있다.
(5) Pierre Rimbert, 'Projet pour une presse libre '자유 언론'을 다시 살리는 길은 상호부조!', <르몽드 디플로마티크> 프랑스어판·한국어판, 2014년 12월호 참고.
(6) <The Wall Street Journal>, New York, 2023년 1월.
(7) Serge Halimi, '"On n'a plus le temps 시간이 없어요"…', <르몽드 디플로마티크> 프랑스어판 2012년 10월호, Ignacio Ramonet, 'S'informer fatigue 정보를 찾는 것도 귀찮다', <르몽드 디플로마티크> 프랑스어판, 1996년 2월호 참고.

자세히 오래 보아야 보인다!

성일권 | 〈르몽드 디플로마티크〉 한국어판 발행인

2023년은 〈르몽드 디플로마티크〉 한국어판에게 참으로 험난한 한 해였음을 고백하지 않을 수 없다. 눈만 뜨면 종이 값과 인쇄비가 오르고, 견고했던 독자들의 구독률과 열독률은 조금씩 뒤로 꺾이고, 신규 독자들의 유입은 그다지 늘지 않고, 상업적인 광고 수주는 예나 지금이나 쉽지 않아 창간 16년째를 맞는 〈르몽드 디플로마티크〉 한국어판의 현실은 엄중하기만 하다.

작금의 경제 상황이 IMF 때보다도 더 혹독한 시련기라는 평론가들의 진단을 들먹이지 않더라도, 주변을 둘러보면 거의 모든 언론·출판사들의 암담한 현실이 펼쳐진다. 시내 곳곳의 신문 가판대는 거의 텅 비어 있고, 아파트 단지에는 더 이상 신문 배달원이 오지 않고 있으며, 서점가에선 시사 매거진 코너가 눈에 띄게 줄어들었다.

극단의 시대를 살다 보니, 인터넷 매체이건, 종이 매체이건 정상적인 좌나 우, 또는 진보나 보수가 아니라 극단적인 정파색과 반윤리적인 광고로 도배되어야만 생존이 가능하다. 그게 아니면 대자본을 뒷배로 삼은 친기업적 매체이거나 재벌 또는 족벌 매체이어야만 지속가능한 게 현실이다. 종이신문들에는 거의 절반이 대기업과 공기업의 광고들로 채워져 있고, 인터넷 매체에는 보기에 낯 뜨거울 정도로 반윤리적이고 비도덕적인 광고들이 넘쳐난다.

〈르몽드 디플로마티크〉 한국어판이 거대 재벌의 후

<르몽드 디플로마티크> 한국어판을 펴내는 르몽드 코리아의 전경

원 없이, 반윤리적인 상업광고 없이도 오롯이 16년 가까이 버텨낼 수 있었던 것은 독자 여러분의 따스한 격려와 질책 덕택이다. 아시다시피, <르몽드 디플로마티크>는 프랑스의 권위지인 르몽드의 자매지이지만, 편집권과 경영권이 독립적으로 운영되며 세계 25개 언어로 34개 나라에서 발행되고 있다. 비록 본사가 프랑스이지만, 어느 특정 국가에 치우치지 않고 보편성과 균형감각, 오로지 진실추구의 모토를 내세워 세계에서 가장 널리 읽히는 글로벌 매체로 자리 잡아왔다.

특히 독보적인 지식인들의 통찰력 깊은 글들은 한 시대의 정치·사회·문화적 담론과 패러다임을 이끌어왔으며, 한국어판은 세계 지식인사회와 국내 지식인사회를 잇는 가교의 역할과 열린 세계로 향하는 '세계의 창(窓)'으로서의 역할을 톡톡히 해왔다고 자평한다. 국내의 많은 언론이 생존의 갈림길에서 보수로 향하고, 진실탐구가 아닌 선전 광고지와 오락과 배설의 수단으로 전락한 상황에서 <르몽드 디플로마티크>의 존재감은 희미하지만 독보적이다. 12월호 목차를 봐도, 하마스의 도발(?)로 촉발된 이스라엘-하마스 분쟁을 20쪽에 걸쳐 집중적으로 진단했고, 미국 주도의 G그룹에 맞선 브릭스(Brics)의 탈(脫)달러화, 정치 사회적 격변을 겪고 있는 쿠바, 스페인, 아르헨티나, 파키스탄, 캄보디아 문제를 다루고 있다. 또한 한국 필진이 쓴 프랑크푸르트학파 100주년, 미국 중심의 국제질서와 한국 외교 등도 빠트릴 수 없다. 하지만 <르몽드 디플로마티크>의 기사는 읽기에 결코 간단치 않다. 글의 문체와 내용이 까칠하고 도발적이며, 때로는 은유적이면서 너무 전문적이고 난해하여 집중하기가 쉽지 않기 때문이다.

<르몽드 디플로마티크>는 "자세히 보아야 예쁘다 오래 보아야 사랑스럽다 너도 그렇다."고 말한 나태주 시인의 시구처럼, 꼼꼼하게 밑줄을 치며 백과사전과 용어집을 찾아 행간의 의미를 따지고, 천천히 곱씹어 읽어야 제대로 이해할 수 있는 경우가 많다. '자세히 오래 보아야 보인다'는 얘기다.

<르몽드 디플로마티크>의 문체 스타일에 익숙지 않아 당혹스러워하시는 분들에게 권하고 싶다. 낯설고 어렵다고 중도 포기하지 마시고, <르몽드 디플로마티크>를 자세히, 또 오래 보시면 사랑에 빠지실 것이라고….

경제 침체의 와중에도 전국의 몇몇 주요 도시에선 <르몽드 디플로마티크>를 여전히 함께 읽고 토론하며 사유하는 모임이 있다. 이 얼마나 아름다운 모습인가! 올해의 마지막 남은 달력 한 장을 남겨둔 채, 벌써부터 봄날의 화사함을 미리 떠올려본다. 경기가 호전되어 독자들의 미소와 웃음이 감돌고, <르몽드 디플로마티크>가 전국 곳곳에서 품절되는 그날이 하루빨리 다가오길 기대해본다. **lb**

글·성일권
<르몽드 디플로마티크> 한국어판 발행인

야만인과 문명인

하마스의 기습공격에 분노하지 않을 자가 누가 있겠는가? 이스라엘 정부가 지시한 폭탄 세례도 마찬가지다. 하지만 전자는 '테러'로 정의되지만 후자는 그렇지 않다. 테러의 개념은 역사에 따라 크게 바뀌어왔다.

아이를 둔 부모에게 그 아이를 잃는 것보다 더 파괴적인 사건이 있을 수 있을까? 모든 희망이 연기처럼 사라지고, 온갖 꿈은 악몽으로 바뀌며, 수없이 많은 계획들이 무너져 내리고 말 것이다. 직접 겪어보지 않고서는 감히 가늠할 수조차 없는 비극이리라. 부모라면 갑자기 걸려온 전화로 이 충격적인 소식을 듣는 모습을 상상하는 것만으로도 몸서리를 치게 되기 마련이다. 질병으로 인해 아이를 잃게 된다면 '운명'을 탓할 수밖에 없을 것이고, 교통사고 때문이라면 사고를 일으킨 운전자를 고발할 수도 있을 것이다. 그런데 아이가 그저 학교나 슈퍼마켓을 가던 중 테러 사건에 휘말려 목숨을 잃었다면, 그때는 누구를 탓해야 할까? 화살은 당연히 테러범에게 향하지 않겠는가?

1997년 9월 4일, 예루살렘 시내 중심가에 위치한 벤 예후다 거리에서 세 차례에 걸친 자살폭탄 테러가 일어나 다섯 명이 목숨을 잃는 일이 있었다. 그들 중에는 서점에 가기 위해 집을 나선 열네 살의 소녀도 포함되어 있었다. 소녀의 이름은 '스마다르', 이스라엘 유명 가문의 자손이었다. 조부인 마티티야후 펠레드 장군은 1967년 6월 제3차 중동전쟁에서 이스라엘의 승리를 이끌어낸 주역 중 한 명으로, 이후 평화주의 운동가로서 팔레스타인해방기구(PLO)의 책

임자들과 이스라엘의 시온주의 세력 간의 최초의 비밀 회담인 '파리 회담'을 이끌어내는 데 협력한 바 있다. 테러가 일어난 1997년은 베냐민 네타냐후 이스라엘 총리가 1993년 체결된 '오슬로 협정'을 파기하겠다는 공약을 내놓은 해로, 실제로 그는 이후 이를 실천에 옮기기도 했다. 네타냐후 총리는 스마다르의 모친인 누리트와 어린 시절부터 알고 지낸 사이였는데, 그가 직접 전화를 걸어 애도를 표하자 누리트는 그에게 "비비(베냐민 네타냐후의 애칭), 당신은 뭘 했어?"라고 소리치며 딸의 죽음에 대한 책임을 물었다.(1)

"내 딸의 목숨을 앗아간 테러범이나, 전면 봉쇄를 들먹이며 병원에 가야 하는 팔레스타인인 임산부를 가로막아 결국 아이를 잃게 만든 이스라엘군이나, 내게는 다를 바가 없다. 나는 만약 팔레스타인이 오늘날 '우리'가 그들에게 하듯 우리를 대했더라면, '우리'는 그들의 땅에서 그들보다 백배 더 끔찍한 공포를 퍼뜨렸으리라 확신한다." 누리트는 이 글에서 네타냐후 총리를 "과거 속의 인물"에 지나지 않는다고 덧붙였다.

하지만 그녀가 틀렸다. 그는 지금까지도 여전히 이스라엘의 정치를 대표하는 인물로 군림하고 있다. 최근 몇 달간 사법 개혁안 추진으로 네타냐후 총리에 대한 비판이 쏟아진 것은 사실이지만, 이스라엘 사회 대부분은 자신들이 가자지구에서 저지르고 있는 범죄

<선물상자> 시리즈 중, 2021 - 야잔 아부 살라메

정책—국제법에 의거—을 정당화하기 위해 다시 네타냐후 총리의 그늘 하에 결집하고 있다.

그리고 바로 이 가자지구의 연기 자욱한 잔해더미 사이에서 팔레스타인의 차세대 전투원들이 자라나고 있다. 이전 세대보다는 더욱 결연한 자세로, 꺼지지 않는 증오와 분노의 불길을 가슴 속에 가득 안은 채로 말이다.

이스라엘의 전쟁범죄 … 팔레스타인의 테러리즘

어쩌면 1990~2000년대에 이어진 자살 폭탄 테러는 가자지구 봉쇄 및 포격과 같은 이스라엘의 '전쟁범죄'를 합리화시키는 전제조건이 될 수도 있다. 지난 10월 7일 하마스가 팔레스타인의 다른 단체들과 손을 잡고 벌인 기습공격(민간인 1,000여 명, 군인 300명의 사망자 발생)의 경우도 그러하다. 하지만 여기서 다시 한번 테러리즘이라는 개념과 그 정의에 대한 의문이 떠오른다.

'테러리즘'이라는 카테고리에 속한 단체들의 특성이 너무나도 제각각인 만큼 답을 내놓기는 쉽지 않다.(2) 1995년 4월 19일 일어난 오클라호마 폭탄 테러의 주범인 미국의 극우 민병대 단체와 알카에다, 아일랜드공화국군(IRA), 쿠르드노동자당(PKK) 등을 어찌 하나의 범주로 묶을 수 있겠는가?

여기에는 이들을 타협 불가능한 절대 악(惡)으로 바라보며, 선(善)의 승리를 위해서는 오로지 이들을 완전박멸하는 것만이 유일한 책략이라는 주장이 내포되어 있다. 하지만 인류의 역사는 아일랜드부터 알제리에 이르기까지 그 어디서나 '어제의 테러리스트'가 내일의 지도자가 되기도 한다는 사실을 수없이 증명해왔다.

최근 다수 언론들이 가자지구에서 벌어지는 일들에 대해 다루면서 하마스를 '테러단체'로 표현하는 일이 잦다. 그러나 테러단체라는 분류는 주로 유럽연합과 미국을 중심으로만 받아들여지고 있으며, 하마스와 소통 채널을 유지하고 있는 여러 국가들은 이를 인정하고 있지 않다는 점은 고려하지 않은 표현이다. 이스라엘조차도 하마스와 수년간 소통을 유지해왔으며, 나아가 이들과의 관계개선을 위해 카타르가 가자지구 내에 수억 달러를 들여오는 것을 허가한 바 있다. 게다가 2006년 팔레스타인 총선에서 무려 44%의 득표율을 기록했던 하마스를 어찌 완전박멸이 가능한 상대로 여길 수 있겠는가?

그럼에도 유럽연합은 2000년대 초 제2차 인티파다(Intifada, 반이스라엘 봉기) 이후 하마스를 테러단체 목록에 포함시켰다. 이는 많은 논란을 낳았다. 이슬람주의 운동과 소통을 이어가는 편이 더 낫다고 판단한 프랑스는 하마스를 이미 테러조직으로 분류되어 있는 이제딘 알 카삼 여단(하마스의 군사조직)과 별개로 봐야 한다고 주장했다. 팔레스타인해방기구의 주요 분파인 파타당(Fatah Party)과 그들의 군사조직 알 아크사 순교자 여단을 분리하여 보는 것과 같은 맥락이다. 결과적으로는 프랑스 역시 다른 유럽 국가들의 압박에 주장을 굽혀야 했지만, 현재 정당으로 탈바꿈하여 레바논 의회에서 활동하는 등 레바논 국내 정치에서 주요한 역할을 하고 있는 헤즈볼라를 테러조직 목록에 등재하는 것은 여전히 거부하고 있다.(3)

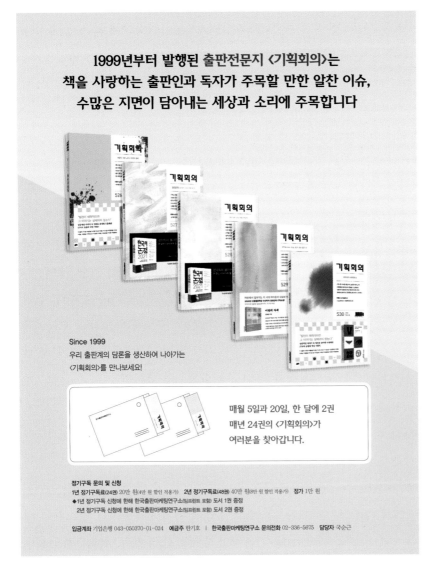

미사일 등 현대화한 무기로 무차별적 공격

한편 쿠르드노동자당의 경우에는 서구 국가들의 정치적 모순이 집약적으로 나타난다. 쿠르드노동자당은 유럽과 미국의 테러단체 목록에는 포함되어 있으며 그들을 지지하는 말을 한다면 테러리즘 옹호를 이유로 고발될 수도 있다. 그러나 서구 국가들은 2014년부터 2015년까지 이슬람국가(IS)의 이라크 공격을 저지하고 시리아의 코바니 지역 점령을 막을 목적으로 쿠르드노동자당에 무기를 공급했고(4), 이들이 보인 용맹함에 전 세계가 찬사를 보내기도 했다.

어쨌든 민간인 사살을 목적으로 하거나 다수의 민간인 피해를 일으키는 '테러행위'가 실제로 일어나고 있다는 사실에 대해서는 누구도 부정할 수 없을 것이다. 상황에 따라 규모의 차이는 있지만 수많은 해방 운동이 테러를 일종의 투쟁 수단으로 사용해왔다. 그런데 이러한 투쟁에 맞서 분노를 표하기 전에, 먼저 이들이 전투기와 전차와 미사일을 갖춘 현대화된 군대를 상대로 불공평한 전투를 벌이고 있다는 사실을 기억해야 한다. 또한 식민지배, 나아가 말살을 행하는 지배자들의 눈에는 보이지 않을 일상 속의 공포가 수십 년간 피지배자들의 삶에 드리워져 있었으며, 그들에게 분노와 격분과 상실감을 안겨주고 있다는 점도 잊지 않아야 한다.

유대인 작가 마네스 슈페르버는 "공포를 알아차리지 않기란 매우 쉬운 일이다. 공포는 이와 관련 없는 사람들, 즉 압도적 다수의 무관심 뒤에 숨어버리기 때문이다."라고 적은 바 있다.(5) 슈페르버의 글은 1930년대 유럽에 퍼졌던 파시즘에 대한 공포를 이야기하고 있지만, 오늘날에도 피지배자들의 '야만'적인 폭력성에 놀라곤 하는 지배 국가의 압도적 다수의 눈에는 지배에 대한 공포가 여전히 보이지 않는 듯하다.

모든 해방 운동이 동일한 정도로 테러리즘을 사용하는 것은 아니다. 테러 행위를 억제한 저항 운동들도 존재한다. 남아프리카공화국의 투쟁이 좋은 예다. 물론 남아공의 투쟁을 선의의 '평화주의'로 규정지을 수는 없다. 아프리카민족회의(ANC)도 폭력을 무기로 사용한 바 있으며, 때로는 단발적으로나마 테러 행위를 벌이기도 했다.

다만 그들의 경우 투쟁의 여건들 덕분에 온건적인 선택지를 택하는 것이 가능했다. 실제로 아프리카민족회의는 국제적으로 단단한 동맹 관계를 유지하고 있었고, 남아프리카의 전투에 직접적인 도움을 받을 수도 있었다. 특히 아프리카민족회의는 소련과 소련의 위성국, 비동맹운동, 그리고 서양 국가들의 불매운동 등 다양한 세력의 지지를 받았는데, 이들은 범죄행위를 저지르지 않고 아파르트헤이트 정권과 남아공에 대한 자본 투자를 위기에 빠뜨릴 수 있었다. 또한 앙골라에 대한 쿠바의 군사개입, 특히 피델 카스트로가 이끄는 쿠바군이 프리토리아의 전쟁기계에 결정타를 날린 1998년 1월의 쿠이토 쿠아나발레 전투는 넬슨 만델라의 말을 빌리자면 "이 땅과 이곳의 사람들을 해방시키는 데 큰 전환점"이 되기도 했다.(6)

이처럼 아프리카민족회의가 테러행위를 억제할 수 있었던 데는 이런 전후 관계가 존재했다. 하지만 오늘날 팔레스타인인들은 자신들의 불운한 운명에 내던져 있으며, 아랍 국가들로부터도 버림받았다. 반면에 이스라엘은 서구의 무조건적인 지원을 등에 업고 있다. 이스라엘의 장관직에 파시즘이나 '유대우월주의'를 표방하는 인물들이 올라와도 서구 국가들의 태도는 바뀌지 않는다.(7)

베네치아 선언 이후, 팔레스타인이 일정기간 테러를 중지했던 이유는?

팔레스타인해방기구와 그 구성원들에게 닥친 딜레마들을 이해하려면 먼저 1967년 점령 이후부터 이어진 팔레스타인 투쟁의 역사를 살펴봐야 한다. 페다인(팔레스타인 게릴라)의 활동이 확대되던 호시절을 지나, 1970~1971년에는 이스라엘이 점령 지역에 대한 통제를 더욱 강화했으며 페다인들은 요르단의 추방 대상이 되고 말았다.(8) 팔레스타인 혁명 그 자체가 위험에 처했고, 해방에 대한 희망은 모두 물거품이 되어버렸다. 결국 팔레스타인은 국경 밖에서의 폭력적인 투쟁을 이어갔고, 새로운 무장단체 '검은 9월단'이 결성되어 1972년 뮌헨 올림픽에서는 이스라엘 선수단 습격 사건이 벌어지기도 했다. 팔레스타인해방기구의 2인자 출신인 아부 이야드는 "저항 운동이 군사적·정치적 과업을 완수하지 못할 때, 이 단체가 보조격으로 활동하곤 했다. (...) 소속 단원들이 표출하는 깊은 분노와 상실은, 요르단에서 일어나는 학살과 이를 가능하게 만드는 온갖 결탁에 맞서 팔레스타인인들이 느끼는 감정이기도 했다."고 설명했다.(9) 뿐만 아니라 팔레스타인계 기독교인 주르지 하바시가 이끄는 팔레스타인해방인민전선(PFLP)은 항공기 납치 테러를 벌이기 시작했고, 1972년 5월 30일에는 일본 적군파와 손을 잡고 이스라엘의 로드 공항에서 총격 사건을 일으켰다.

그런데 팔레스타인해방기구가 이러한 '외부 작전'을 멈춘 계기는 무엇이었을까? 먼저는 비동맹주의 및 사회주의 국가들로부터 인정을 받기 시작했기 때문이었다. 특히 1974년에는 당시 팔레스타인해방기구 의장이었던 야세르 아라파트가 유엔 총회에 초대됨으로써 이들이 마침내 국제적 정당성을 부여받는 계기가 되었다. 팔레스타인해방기구는 외교전에 뛰어들어 1974년 파리 회담을 포함해 유럽의 여러 공식 석상에 처음으로 모습을 드러내기 시작했다. 테러리즘을 강력하게 규탄해온 프랑스는 다른 유럽 국가들에게 이 분쟁을 해결할 유일한 열쇠는 바로 이스라엘의 점령 종식이며, 이는 팔레스타인의 자결권 인정 및 팔레스타인해방기구와의 협상을 통해 이루어질 수 있다고 설득하는 데 핵심적인 역할을 했다(1980년 '베네치아 선언'). 그 당시 메나헴 베긴 이스라엘 총리는 유럽 국가들이 "히틀러의 '나의 투쟁'과도 같은 글"을 내놓는 파타당과 협상을 강요하고 있다며 비판적인 입장을 표명했다. 오늘날 베냐민 네타냐후 이스라엘 총리가 하마스를 낙인찍는 것과 동일한 대응 방식이다. 그럼에도 불구하고 팔레스타인은 유럽에서의 진척을 통해 외교적 문을 열고 정치적 절차에 시동을 걸 수 있었다.

팔레스타인 국민들은 잠깐 동안이나마 팔레스타인이 하나의 국가가 되는 꿈을 이룰지도 모른다는 희망을 품을 수 있었고 평화에 기대를 걸기도 했다.

피해자들의 가슴에 오래 묻힌 '문명화된 학살'

여기서 실패로 돌아간 오슬로 협정의 역사를 다시 짚어보려는 것은 아니다. 다만 그 결과가 1996년 팔레스타인에서 치러진 자유민주주의 선거에서 하마스가 승리를 거둘 수 있었던 원인 중 하나라는 사실은 이론의 여지없이 명백하다. 수십 년 동안 팔레스타인의 폭력을 계속 키운 것은 이스라엘의 식민지배 확대, 정치 활동에 대한 탄압, 대규모 수감, 치밀한 국제법 위반 등 팔레스타인 앞에 놓인 실질적인 상황들이었다. 그렇다면 하마스의 활동이 제한된 요르단강 서안지구를 점령한 이스라엘의 활동은 과연 더 '온건'했는가?

이스라엘은 19세기 말 독일의 전문가가 세운 원칙을 적용했다. "아무리 국제법의 규범일지라도 이를 야만인들에게 적용하려고 한다면 그것은 그저 몇 줄의 글에 지나지 않는다. 흑인 부족을 벌주려면 그 마을을 불태우는 것이 낫다. 이런 식으로 본보기를 보여주지 않으면 아무것도 이룰 수가 없다."(10) 서구 국가의 시민들은 기습공격으로 목숨을 잃는 이스라엘인들의 소식이 들려올 때 충격을 받곤 하지만, 그들의 눈에는 도저히 보이지 않는 이러한 공포가 팔레스타인인들에게는 일상적인 운명이 되어버렸다.

지난 10월 7일 이후 퍼지고 있는 영상 속에서 팔레스타인의 전투원들은 "이것은 (당신들이 죽인) 내 아들의 몫이다"라거나 "(당신들이 죽인) 내 아버지의 몫이다!"라고 외치고 있다.(11)

"유럽인 103명이 사망하였고, 여러 명의 여성이 강간당했으며 그중에는 84세의 노인도 포함되어 있다. 피해자들의 사체는 대부분 훼손된 상태로, 폭도들은 사체의 성기를 잘라 입에 물리거나 여성의 가슴을 난도질하는 등 칼을 들고 난자할 사체를 찾아다니곤 했다." 이는 1945년 5월 8일 알제리 동부에서 일어난 일련의 사건 이후 프랑스의 조사위원회가 작성한 피해 보고서의 일부다. 당시 알제리의 세티프 지역에서는 독립을 요구하는 시위가 일어났는데, 프랑스 식민당국과의 대치 중 시위대의 한 소년이 경찰이 쏜 총에 맞아 사망하면서 시위가 폭동으로 격화되었고 결국 위에서 언급한 학살 사건으로까지 번지고 말았다. 1954년 시작될 알제리 전쟁의 예고 격이었던 이 사건에 대한 프랑스의 반응은 특히 메하라 암라니가 발표한 책을 통해 더욱 적나라하게 확인할 수 있다.(12)(13)

피지배자들의 이러한 '야만 행위'를 어떻게 이해할 수 있을까? 사건 당시 한 분석가는 이렇게 적은 바 있다. "폭력과 함께 일종의 악의 화신, 야만적이고 잔인한 북아프리카의 '칼리반'이 등장했다. 그들보다 더 큰 위력을 사용해야만 그들을 막을 수 있는 법이다. 이것이야말로 연합국의 승리를 축하하던 바로 그날에 세티프에서 일어났던 일들을 이해할 수 있게 해주는 역사적·사회적인 설명이다." 〈르몽드〉 역시 예외는 아니었는데, "폭동이 정치·교육·사회 분야의 프랑스 기관들의 영향을 가장 덜 받은 지역에서 일어났다"고 적었다. 여기에는 식민지배를 통해 피지배자들을 '야만성'에서 구출해낼 수 있다는 생각이 깔려 있다. 그런데 사실은 오히려 식민지배가 피지배자들을 야만 행위로 몰아가고 있는 것은 아닐까?

1945년 세티프에서 일어난 학살 사건 이후로 이어진 이른바 '원주민 탄압'의 심각성이 제대로 알려지기까지는 수십 년의 시간이 필요했다. 그동안 수만 명의 알제리인 피해자들은 프랑스가 '문명화된 학살'을 저질렀다는 사실을 마주하고 싶지 않은 사람들의 양심 깊숙한 곳에 묻혀 있었던 셈이다. **LD**

글·알랭 그레쉬 Alain Gresh
<르몽드 디플로마티크>에서 아랍 전문기자로 일했으며, 현재 온라인 신문 <오리앙 21(Orient XXI)>의 편집장으로 활동중이다. 최근 저서로는 「사랑의 노래 : 이스라엘-팔레스타인, 프랑스의 이야기(Un chant d'amour : Israël-Palestine, une histoire française)」(2023)가 있다.

번역·김보희
번역위원

(1) Nourit Peled-Elhanan, 'Bibi qu'as-tu fait? 비비 당신은 뭘 했어?', <르몽드 디플로마티크>프랑스어판, 1997년 10월호.
(2) Dominique Vidal, 'L'éditorial 사설', <마니에르 드 부아르>프랑스어판, no.140, 'Vous avez dit terrorisme? 테러리즘이라고 말씀하셨나요?', 2015년 4·5월호.
(3) Nathalie Janne d'Othée, 'Liste des organisations terroristes. Quand l'Union européenne s'emmêle 테러집단목록, 유럽연합 혼란에 빠지다', <Orient XXI>, 2022년 1월 10일, https://orientxxi.info
(4) Dora Serwud, 'Les héros de Kobané 코바니의 영웅들', <마니에르 드 부아르>프랑스어판, no.169, '1920-2020, le combat kurde 1920~2020, 쿠르드족의 전쟁', 2020년 2·3월.
(5) Manès Sperber, 『Et le buisson devint cendre 그리고 숲은 재가 되었다』, Odile Jacob, Paris, 1990.
(6) '만델라의 진짜 친구는 누구인가', <르몽드 디플로마티크>한국어판, 2010년 7월호.
(7) '이스라엘의 정체성 쿠데타', <르몽드 디플로마티크>한국어판, 2023년 3월호.
(8) '산산조각 난 팔레스타인의 혁명적 유토피아', <르몽드 디플로마티크>한국어판, 2020년 12월호.
(9) Abou Iyad, 『Palestinien sans patrie : Entretiens avec Éric Rouleau 고국을 잃은 팔레스타인 : 에릭 룰로와의 인터뷰』, Fayolle, Paris, 1978.
(10) Sven Lindqvist, 『Exterminez toutes ces brutes! 모든 야수들을 몰살하라!』, Le Serpent à plumes, Paris, 1999.
(11) Ramzy Baroud, 'A day to remember : How "Al-Quds Flood" altered the relationship between Palestine and Israel forever', The Palestine Chronicle, 2023년 10월 10일, www.palestinechronicle.com
(12) Mehana Amrani, 『Le 8 Mai 1945 en Algérie : Les discours français sur les massacres de Sétif, Kherrata et Guelma 알제리, 1945년 5월 8일 : 세티프·케라타·구엘마 학살 사건에 대한 프랑스의 담화』, L'Harmattan, Paris, 2010.
(13) Mohammed Harbi, 《La guerre d'Algérie a commencé à Sétif 알제리 전쟁은 세티프에서 시작됐다》, <르몽드 디플로마티크>프랑스어판, 2005년 5월호.

미국 통화의 가장 큰 적은 미국!

달러화의 종말인가?

2023년 8월 요하네스버그에서 개최된 브릭스(브라질, 러시아, 인도, 중국, 남아프리카공화국) 정상회의에서는 세계 경제에서 미국 통화의 역할과 정치적 목적으로서의 활용을 비난하는 공식 성명이 발표되었다. 러시아와 브라질은 달러 사용을 제한하겠다는 의사를 밝혔다. 하지만 달러 패권의 종말을 위해 이를 선언하는 것만으로 충분할까?

도미니크 플리옹 ▮경제학자
르노 랑베르 ▮〈르몽드 디플로마티크〉기자

미국의 유명 작가 마크 트웨인은 1897년 한 통신사가 자신의 사망 소식을 잘못 보도하자 "내 사망 소식은 크게 과장된 것"이라고 비꼬았다고 한다. 최근 잇따른 달러 패권의 종말을 예고하는 발언은 마크 트웨인의 재치를 떠올리게 한다. 일부 선동적인 수사에도 불구하고 현재의 국제통화시스템은 무너지지 않았다. 그러나 『허클베리 핀의 모험』의 저자인 트웨인의 잘못된 부고가 발표되었을 때 그의 건강 상태처럼 국제통화시스템은 온전치 못한 게 사실이다.

세계 경제에서 달러화의 역할에 대한 의문은 어제오늘 일이 아니다. 2010년 니콜라 사르코지 프랑스 대통령은 G20의 프랑스 의장직을 이용하여 "세계의 일부가 미국의 통화 정책에 의존하게 만드는"(1) 모델을 비난했다. 약 50년 전, 발레리 지스카르 데스탱 프랑스 재무장관은 달러의 국제적 사용이 미국에 부여한 "엄청난 특권"을 비난했다. 국제통화시스템이 구축된 지 15년이 채 지나지 않은 1958년, 벨기에 경제학자 로버트 트리핀이 "과거의 힘을 잃은 미국 달러에 위험이 임박했다"(2)고 지적했을 정도로 국제통화시스템 기능의 불균형은 이미 충분히 명백했다. 1976년, 미국 경제학자 찰스 킨들버거는 "달러는 국제 통화로서 끝났다"(3)라고 확신했다. 그럼에도 불구하고 달러는 여전히 세계 경제 시스템의 최상위에 자리 잡고 있다. 큰 고비가 있을 때마다, 달러화의 존재는 좋은 와인에 비해 숙성이 덜 된 와인으로 취급받는 의례적인 눈치거리로 취급되는 건 아닐까? 그건 아닐 것이다. 블라디미르 푸틴 러시아 대통령이 달러화의 '종말의 시작'(4)을 예고하고, 현재 브릭스(브라질, 러시아, 인도, 중국, 남아프리카공화국)(5) 신개발은행의 수장인 지우마 호세프 전 브라질 대통령이 "더 이상 단일 통화에 의존하지 않는 방법을 찾겠다"(6)라고 공약한 것은 우크라이나 전쟁으로 인해 국제통화시스템에 대한 불만이 크게 늘어난 배경에서 나온 말이다.

거대한 화폐 카지노의 귀환

2차 세계대전의 위대한 승리자인 미국

(1) 'Nicolas Sarkozy s'attaque aux paradis fiscaux et à la suprématie du dollar 니콜라 사르코지가 조세천국과 달러 패권을 공격하다', <르 푸엥>, Paris, 2010년 12월 13일.

(2) Herman Mark Schwartz, 'American hegemony: intel-lectual property rights, dollar centrality, and infra-structural power', <Review of International Political Economy>, Vol. 26, n°3, Routledge, Milton Park, 2019.

(3) Charles Kindleberger, 'The Dollar Yesterday, Today, and Tomorrow', <Banca Nazionale del Lavoro Quarterly Review> n°38, Rome, 1985.

(4) 러시아 상트페테르부르크에서 열린 국제경제포럼 당시, 2023년 6월 16일.

(5) Martine Bulard, 'Quand le Sud s'affirme 저개발국들이 존재를 드러낼 때', <르몽드 디플로마티크>프랑스어판, 2023년 10월호.

(6) <CGTN>의 인터뷰, 2023년 4월 14일.

<짝퉁 예술, 로이 리히텐슈타인>, 중국, 다펀, 2006 - 마이클 울프

은 전쟁이 끝난 후 전 세계를 지배했다. 이 '팍스 아메리카나'는 무엇보다도 1944년 7월 브레튼우즈 협정에 명시된 달러가 지배하는 통화 시스템의 확립에 근거하고 있다. 미국 통화는 금으로 직접 전환할 수 있는 유일한 통화였으며 모든 환율을 결정하는 구심점 역할을 했다. 협정이 제대로 적용되는지 감독하기 위해 설립된 국제통화기금(IMF)(7)과 세계은행은 워싱턴D.C.에 설치되었고, 미국은 전자의 경우 거부권을, 후자의 경우 총재를 임명할 수 있는 권한(비공식적이지만 매우 실질적인 권한)을 가졌다.

일반적으로 빚을 진 국가는 대출금을 갚기 위해 우방국으로부터 필요한 통화를 확보할 방법을 찾아야 한다. 1965년 2월 4일 기자회견에서 샤를 드골 프랑스 대통령은 "실제 가치가 있고 벌어서 소유할 수 있는 금이 아니라 발행을 통제할 수 없는 달러로 빚을 갚음으로써 공짜로 빚을 지는 나라가 있다"며, "미국이 그렇다"라고 비난했다. 미국은 이러한 '특권'을 통해 대외 적자를 누적할 수 있다. 즉, 사치스럽게 지출할 수 있다.

그러나 프랑스의 비판보다 더 중요한 점은, 미국이 이러한 상황으로 인해 세 가지 이득을 본다는 사실이다. 첫째, 미국은 냉전과 관련된 군사비를 쉽게 조달할 수 있다. 둘

(7) Renaud Lambert, 'FMI, les trois lettres les plus détestées du monde (IMF, 사람들이 가장 싫어하는 세 글자)', <르몽드 디플로마티크>프랑스어판, 2022년 7월호.

째, 인위적으로 국민 대다수의 생활 수준을 높인다. 마지막으로, 미국 기업은 저렴한 비용으로 해외직접투자(FDI)를 할 수 있어 세계 경제에서 세력 확장을 장담할 수 있다. 그 결과, 2023년 초 미국은 24조 9520억 달러(23조 6720억 유로)로 추정되는 세계 최고 수준의 외채를 보유한 국가가 되었다.

그러나 '달러 교환 표준'이라고도 불리는 달러 중심의 국제통화시스템은 1950년대 말 경제학자 트리핀이 이미 파악한 위협적인 모순에 시달리고 있음이 분명해졌다. 이 시스템은 양립할 수 없는 두 가지 기능을 수행해야 했다. 한편으로 국제통화시스템은 미국 중앙은행인 연방준비제도이사회(FED)가 국제 무역의 성장에 발맞추기 위해 정기적으로 달러를 발행하도록 강제한다. 미국의 입장에서는 이를 통해 '특권'을 유지할 수 있다. 그러나 이는 유통되는 달러가 포트 녹스(미국의 군사기지로 미국 정부 소유의 금괴 보관소)의 금 재고보다 더 빠르게 증가하여 달러화를 금으로 전환할 수 있다는 외국의 신뢰를 약화시킨다. 그런데 국제통화시스템은 달러와 금의 패리티(등가) 원칙에 따라 이러한 확신을 기반으로 한다. 다른 한편으로 국제통화시스템은 이와 동시에 미국이 국제 무역을 방해하고 세계 경제를 침체시키더라도 재정 적자를 줄이도록 요구한다.

미국이 패권을 공고히 하는 체제를 포기할 의사가 없다는 것은 분명했지만, 드골 장군은 미국을 벽으로 몰았다. 1965년 그는 프랑스가 보유한 달러를 금으로 전환할 것을 요구했는데, 이 결정은 백악관을 불쾌하게 만들었고 그에게는 1964년에 개봉된 제임스 본드 007 시리즈의 에피소드인 〈골드핑거〉에서 따온 '골핑거'라는 별명이 붙여졌다. 1971년 8월 15일, 리처드 닉슨 대통령은

미국의 금 보유량이 프랑스의 요청과 비슷한 수요의 증가세를 충족하기에 충분하지 않다는 사실을 깨닫고 브레튼우즈 체제를 무너뜨리기로 결정했다. 그는 달러의 금 전환을 중단하고 자유변동통화제의 새로운 시대를 열었다. 미국의 일방적인 결정은 경제학자 제임스 K. 갤브레이스가 말한 것처럼 '거대한 화폐 카지노의 재개'(8)로 이어졌을 뿐만 아니라 통화가 자유롭게 이동하는 시대로 점차 되돌아가게 했다. 브레튼우즈 체제로 억제하려 했던 메커니즘이 양차 대전 사이의 그 파괴적인 영향 때문에 되살아난 것이다.

익명을 조건으로 기자와의 대화에 동의한 러시아 경제부의 한 고위 관리는 "이 시스템은 2차 세계대전 이후 볼 수 없었던 잠재적인 불안정성을 회복시켰다"라고 지적했다. "그리고 지금은 '기축통화'가 국가적 목표에 의해 주도되는 국가 통화로 남아 있는 상황"이다. 1971년 존 코널리 미 재무장관은 닉슨 대통령의 결정에 놀란 유럽 외교관들에게 "달러는 우리의 통화이지만, 당신들에게는 골칫거리"라고 응수했다고 한다. 이 점에서 아무것도 달라지지 않았다. 인플레이션에 직면한 연방준비제도이사회는 국내 경기 상황을 우려해 2022년 3월부터 금리를 인상하고 있다.(9) 브릭스의 신개발은행 총재 호세프 여사에 따르면, 이러한 국내 정책은 "다른 나라의 성장 전망을 낮추고, 더 큰 경기 침체를 유발할 가능성이 있다."(10)

여기까지 달러에 대한 비판은 그리 새로운 것이 아니다. 그러나 최근 우크라이나 전쟁은 국제통화시스템의 또 다른 역기능을 부각시켰다. 미국이 달러의 이중적 지위(자국 통화이자 국제통화시스템의 기축통화)를 이용해 적대적으로 여겨지는 민간 또는 국가 경제 주체에게 제재를 가하거나 혹은 2022

(8) James K. Galbraith, 'The Dollar System in a Multi-Polar World', <International Journal of Political Economy>, Vol. 51 n°4, New York, 2022.

(9) Renaud Lambert, 'Les Calimero de l'euro 유로화의 칼리메로(병아리 만화 캐릭터)', <르몽드 디플로마티크>프랑스어판, 2023년 1월호.

(10) <CGTN>의 인터뷰, op. cit.

년부터 익숙해진 표현을 사용하자면, '달러를 무기로 전환'하는 것이다.

러시아의 우크라이나 침공 이전으로 거슬러 올라가는 미국 재무부의 강제 조치 목록은 2,206쪽으로, 12,000개 이상의 이름이 올라가 있고 22개 국가에 영향을 미친다. 영국 싱크탱크 채텀 하우스의 크리스토퍼 사바티니에 따르면 "세계 경제의 4분의 1 이상이 어떤 형태로든 제재를 받고 있다"(11)라고 한다. 〈파이낸셜 타임스〉는 "외교 정책 문제를 해결하려고 투입되는 노력과 유혈 사태 측면에서 역대 미국 대통령들이 비용이 적게 든다고 여겨지는 전략을 선택함에 따라 이러한 유형의 조치는 지난 10년간 폭넓게 사용되었다"라고 분석한다.(12) 그러나 달러는 손쉬운 부채와 통화 압박이라는 특권 외에도 치외법권이라는 특권이 있다. 달러 덕분에 미국은 자국 통화를 사용하고자 하는 모든 경제 주체에게 자신의 결정을 강요할 수 있다. 2015년 프랑스 은행 BNP 파리바는 쿠바, 수단, 이란에 대한 미국의 금수 조치를 준수하지 않았다는 이유로 89억 달러의 역대 최고 벌금을 부과받았다. 이 은행이 자국 영토 밖의 '적성국' 3개국과 거래할 때 대부분이 미 달러로 표시되었기 때문에 미국 소재 청산소를 거쳐야 했고, 그래서 미국 법률의 적용을 받아야 했다.

"오늘날 달러의 주적은 미국이다"

쿠바, 북한, 아프가니스탄, 이란, 베네수엘라에 적용되었던 제재는 우크라이나에서 전쟁이 발발하면서 전례 없는 차원으로 확대되었다. 미국과 그 동맹국들은 스위프트 국제 결제 시스템에서 러시아를 축출하고 달러와 유로로 표시된 3,000억 달러의 러시아 외환보유고를 압류했는데, 앞서 언급한 러시아 관리는 이것이 "순수하고 단순한 절도"라고 평가했다.

기축통화가 패권국의 자국 통화이기도 한 국제통화시스템은 "종속 국가 입장에서 단점보다 상업 및 금융 통합을 통해 더 많은 혜택을 제공한다고 인식될 때만 안정적"이라고 경제학자 미셸 아글리에타, 궈 바이, 카밀 마케르는 설명한다.(13) 반대로 "미국이 제재하고자 하는 국가와 관련된 사적 거래를 차단하려고 국제 결제 시스템을 달러로 의도적으로 사용하는 것은 순수한 정치적 지배 수단으로서 달러를 도구화하는 것임을 확인할 뿐"이라고 덧붙였다. 푸틴 러시아 대통령은 2020년에 "달러를 없애는 것은 우리가 아니다. 달러가 우리를 없애려고 한다"(14)라고 반박했다. 2007년부터 2015년까지 브라질이 IMF로 유입시킨 국가 그룹의 실무이사였던 파울루 노게이라 바티스타 주니어는 "오늘날 달러의 주적은 미국이다"라고 이 상황을 표현했다.

따라서 미국과 대립하고 있거나 달러화와의 관계 냉각화를 두려워하는 모든 국가에게 시급한 문제는 '탈달러화'일 것이다. 그러나 이는 '달러 대신 어떤 통화를 사용해야 하는가?' 라는 까다로운 질문을 던진다.

첫 번째 대답은 분명하다. 다른 나라의 통화를 사용하는 것이 문제가 된다면 자국 통화를 사용하는 것이다. 여러 나라에서 국경 간 무역을 위해 이러한 조치를 취하기 시작했다. 2023년 4월, 인도와 말레이시아는 인도 통화인 루피로 거래하겠다고 발표했다. 한 달 전에는 중국과 브라질이 브라질 헤알화와 중국 위안화 거래를 장려하겠다고 발표했다. 프랑스도 이러한 움직임에 동참하고 있는데, 현재 중국과의 무역의 5분의 1이 중

(11) Michael Stott & James Kynge, 'China exploits sanctions to undermine dollar', <파이낸셜 타임스>, London, 2023년 8월 28일.

(12) Michael Stott & James Kynge, op. cit.

(13) Michel Aglietta, Guo Bai, Camille Macaire, 『La Course à la suprématie monétaire mondiale à l'épreuve de la rivalité sino-américaine 국제통화 패권을 향한 경쟁, 중미간 경쟁 관계를 이겨내다』, Odile Jacob, Paris, 2022.

(14) 'America's aggressive use of sanctions endangers the dollar's reign', <The Economist>, London, 2020년 1월 18일.

(15) 'China wants to make the yuan a central-bank favourite', <The Economist>, 2020년 5월 7일.

국 화폐의 다른 이름인 런민비(인민폐, 중국 통화)로 이루어지고 있기 때문이다.(15) 이러한 움직임을 '반미 반란'으로 보는 일부의 시각에도 불구하고, 이러한 모든 시도가 반드시 달러의 지배력에 도전하려는 의도에서 비롯된 것은 아니다. 지정학적 의도를 품은 상업적 탈달러화는 보다 실용적인 접근 방식으로 시작됐는데, 이는 때때로 통화 A에서 달러로, 다시 달러에서 통화 B로 여러 번 환전함으로써 가중되는 거래 비용을 줄이려는 노력에서 비롯되었다.

루블, 루피 또는 디르함

동기가 무엇이든, 이러한 무역 재조정을 추구하는 주요 움직임은 전 세계 61개국(미국은 30개국(16))의 주요 무역상대국인 중국이 구축한 막강한 국제 무역 네트워크 덕분에 촉진되고 있다. 하지만 한 가지 큰 어려움이 있다. 노게이라 바티스타 주니어는 "무역 수지가 완벽하게 균형을 이룰 수 없기 때문에 이러한 유형의 무역에서는 두 국가 중 한 국가가 상대국의 통화를 축적할 수밖에 없다"라고 설명하며, "그런데 어떤 경우에는 이것이 문제를 일으킬 수 있다. 특히 해당 통화가 가치 변동이 심하거나 쉽게 전환할 수 없는 경우라면 더욱 그렇다"라고 덧붙였다. 사실상 대부분의 통화가 그렇다. 이는 지난 5월 러시아와 인도 간 루피화 거래를 위한 회담이 실패한 이유다. 양국 간 무역이 러시아에 크게 치우친 상황에서 러시아는 사용할 수 없는 루피화 다발이 쌓일 것을 우려했다. 그래서 인도는 러시아 석유를 아랍에미리트 디르함으로 구매한다.(17)

노게이라 바티스타 주니어는 "자국 통화로 거래가 제대로 이루어지려면 해당 통화

(16) 국제통화기금(IMF), 무역 통화국(Direction of Trade Statistics, DOTS).

(17) Nidhi Verma & Noah Browning, 'Insight: India's oil deals with Russia dent decades-old dollar dominance', 2023년 3월 8일, reuters.com

를 외환보유고로 전환할 수 있어야 한다"라고 설명했다. 즉, 쉽게 사용할 수 있고 급격한 가치 하락에 노출되지 않는 유동성이 있어야 한다. 지금으로서는 달러화를 대체할 수 있는 전통적인 후보인 유로화와 위안화 중 어느 것도 이 조건을 충족하지 못했다. 유로화는 2010년 국가 부채 위기 이후 미래에 대한 불확실성이 전 세계를 불안하게 하고 있다. 위안화는 중국이 자본 계좌를 자유화하지 않았기 때문에 중국 통화는 전환이 불가능한데다 엄격한 외환 통제를 받고 있다. 일부 성급한 분석가들이 이미 예측하고 있는 전환점으로서 위안화가 달러를 대체하기 위해서는 중국이 통화 정책에서 예상치 못한 전환을 해야 한다.

브릭스에 별도의 '공동 계정 단위'를 제안한 러시아

중국은 비거주자가 위안화를 사용하면 경제 모델이 바뀔 수 있다는 사실을 잘 알고 있다. 해외에서 수요가 많은 통화일수록 다른 통화에 비해 가치는 더 상승하며 수출 가격이 더 비싸진다는 것은 '세계의 공장'인 중국에 큰 위험요소이기 때문이다. 중국은 또한 1997년 금융 위기 당시 규제 완화가 이웃 국가에, 2008년 위기 때 선진국들의 경제에 초래한 위험에 대해서도 잘 파악하고 있다. 연구원 네이션 스페버는 2015~2016년 금융 자유화 시도 이후 중국 시장이 불안정해지자 중국 정부가 "금융 위험을 국가 안보에 대한 잠재적 위협으로 재정의"하기에 충분할 정도로 고통스러운 상황으로 인식했다고 설명했다. 그는 중국 당국의 관점에서 자본 통제는 단순히 재정적인 문제만이 아니라고 지적한다. "부유한 중국인들이 제한 없이 자본을 국

외로 이전할 수 있다면 자산과 특권을 안전하게 지킬 수 있을 것이다. 자본 통제로 인해 중국에서 자본의 소유권은 여전히 상대적이기 때문에 정치권력의 영향을 받으며, 정치권력은 처벌하고자 하는 개인에게 개입할 가능성을 여전히 가지고 있다"라고 설명했다.

당분간 중국은 자국 통화의 국제화와 중국식 경제발전 모델의 옹호 사이에서 선택해야 한다. 위안화를 선호하는 형태의 탈달러화가 발생하더라도 이는 '제약을 받는' 과정이며, 스페버가 지적한 것처럼 "위안화가 시장참여자들의 교환 수단이나 보유고 통화로서 달러보다 우월해서 진행되는 탈달러화가 아니라 외교적 합의를 통한 국제화"라고 할 수 있다. 2008년 서브프라임 위기 때처럼 금융 위기가 미국 금융 시장의 부실에서 비롯된 경우에도 미 달러는 여전히 시장에서 가장 선호하는 안전자산으로 남아 있다는 것은 달러의 변함없는 매력을 보여주는 증거이다.

"미국의 금융 패권은 끝났다"(18)라는 시끄러운 선언 뒤에서 숫자들은 좀 더 신중한 그림을 보여준다. 국제결제은행(BIS)의 최근 3년 주기의 설문조사에 따르면 2022년에도 달러가 단연 가장 널리 사용되는 통화로, 외환 거래의 88%가 달러를 사용하며 (1989년 이후 변동이 없는 비율), 유로화는 32%, 엔화는 17%, 스털링 파운드화는 17%에 그친다.(19) 중국 위안화(7%)의 비중은 강세를 보이고 있지만(2019년 +4%), 여전히 미미하다.

외환보유고 측면에서 미 달러의 비중은 2000년 72%에서 2023년 59%로 감소했지만, 감소액은 주로 미국의 지정학적 동맹국인 호주와 캐나다 달러, 한국 원화, 스웨덴 크로나 등의 통화로 전환되었다. 같은 기간 위안화의 비중은 0에서 2.6%로 상승했다. 이는

한 국가가 부채가 표시된 통화가 아닌 다른 통화로 준비금을 보유하는 것이 매우 복잡하기 때문이다. 그런데 위안화 채권 시장의 대대적인 국제화는 중국 자본 계좌의 자유화 없이는 상상할 수 없다.

국제통화시스템의 '기축통화'로서 달러의 정통성 붕괴, 국가 통화를 사용한 국제 거래의 한계, 달러를 대체할 후보의 부재 등 교착 상태와 매우 흡사한 상황에 직면한 러시아에 이어 브라질도 브릭스(BRICS) 차원에서 조치를 취하자고 제안했다. 러시아가 고안한 초기 계획은 통화가 아닌 '계정 단위'를 만드는 것이었다. 그러니까 통화 간 화폐 가치의 등가를 설정하고 달러 변동에 영향을 받지 않는 원자재 가격을 붙이기 위한 통화 도구를 마련하는 것이다. 정상회의 전날인 2023년 8월 21일, 인도의 비나이 모한 콰트라 외무장관은 기자회견을 통해 계좌 단위가 아닌 '공동 통화'를 만들려는 것으로 보이는 프로젝트에 대해 인도의 반대를 표명했다. 하지만 우리가 연락한 러시아 담당자는 "그게 문제가 아니다"라고 흥분하며 "경제계에 있는 사람들은 공통 통화에 대해 이야기하기에는 너무 이르다는 것을 알고 있다"라고 지적했다. 그는 문제가 "다른 곳과 마찬가지로 러시아 외무부에서도 아무도 통화 문제에 대해 이해하지 못한다는 사실에서 비롯된다"고 확신한다. "심지어 더 높은 지위에서도 마찬가지"라고 말할 정도다.

이런 견해를 이해할 수도 있다. 오해를 풀어보자면, 통화(공동 통화 포함)는 계좌 단위의 기능 외에도 두 가지 중요한 기능을 수행해야 한다. 즉, 가치를 저장하고 거래를 가능하게 하는 준비 수단으로서의 역할을 수행해야 한다. 따라서 브릭스 국가를 위한 '공동' 통화를 상상하는 것은 러시아가 염

(18) Tom Benoît, 'La fin du dollar roi 황제 달러의 종말', <르 푸엥>, Paris, 2023년 9월 26일.

(19) 이 퍼센티지는 총 200%가 기준인데, 거래의 양방향을 고려할 때 두 개 통화가 사용되기 때문이다.

두에 둔 프로젝트가 요구한 것보다 훨씬 더 많은 조율이 필요했다. 요하네스버그 정상회담을 계기로 중국이 주최한 심포지엄에서 통화 문제에 대한 다양한 방안을 제시해 달라는 요청을 받은 노게이라 바티스타 주니어는 계좌 단위를 만드는 것은 "비교적 간단하고 (중략) 신속하고 저렴한 비용으로 구현할 수 있는" 반면, 공동 통화를 만드는 것은 "아직 시작도 되지 않은 숙고와 계획이 필요하다"(20)라고 정리했다. 이 프로젝트는 요하네스버그에서도 논의되지 않았으니 확실히 이미 너무 늦었다.

하지만 오해가 모든 상황을 설명해주지는 않는다. 때로 오해는, 반대한다는 사실을 명확히 설명하고 싶지 않은 프로젝트를 방해하기에 편리한 수단이 되기도 한다. 지정학적 차이와 내부 갈등, 특히 미국과 계속 교역하기를 원하는 중국과 인도 간의 갈등은 브릭스의 일을 복잡하게 만든다. 창립 회원국이 5개국이었을 때도 그랬고, 2024년 1월 1일부터 6개국이 새로 가입한다고 해서 논의가 더 원활해지지는 않을 것이라는 점은 창립 회원국들도 잘 알고 있다. 지역 통화 조합을 결성한 예전 경험에 미루어 알 수 있듯이 통화 문제는 특히 까다롭다.

미국 적대국가 사이에 '달러 외' 지역 출현할 가능성

유럽에서는 통화의 일반적인 변동성으로부터 관련 경제를 보호하려는 목적으로 추진된 1972년 '유럽 통화 스네이크 체제'가 1999년에야 단일 통화 구성으로 이어졌으나 성공 여부에 대해서는 평가가 엇갈린다. 2010년에 라틴 아메리카 8개국이 수크레(Sucre, 중남미 지역 단일 결제 시스템)와 같은 이름의 계좌 단위를 출범시켰다.(21) 그러나 관련 국가 간의 무역 통합이 부족하여 프로젝트의 영향력은 제한되었다. 아시아에서는 2008년 금융 위기로 인해 환율을 규제하기 위해 아시아 통화 기금이 설립되었다. 그러나 그 이후 통화 통합에 대한 논의를 확대하기 위한 프로젝트는 거의 진전이 없었다. 최근 분석에 따르면 중앙은행 발행 디지털 화폐(CBDC)가 향후 발전할 것으로 예상된다. 이 분야의 선두에 있는 중국은 전자 위안화로 스위프트와 같은 결제 시스템을 우회하기를 바라고 있다. 그러나 전자 위안화는 중국의 관리 능력에 대한 우려를 불러일으키고 있다.

따라서 당분간 달러화를 중심으로 구성된 시스템은 위협을 받지 않을 것으로 보인다. 그럼에도 불구하고 국제지정학적 긴장이 고조되면 미국이 적대국으로 간주하는 국가들 사이에서 '달러 외' 지역이 출현할 수도 있다. 경제학자 갤브레이스는 중국이 "다극 구조의 고정점으로서 두 체제 사이에서 가교 역할을 할 것"이라고 평가했다.(22) 그러면서 "만약 중국이 러시아에 부과된 것과 같은 심각한 제재를 받게 된다면 세계를 두 개의 고립된 블록으로 나누는 진짜 분열이 일어날 수 있다"라고 덧붙였다. 중국과 미국 간의 무역 규모를 고려할 때 미국에게는 엄청난 비용이 소요되고 달러 부채에 대한 자금 조달이 복잡해질 수 있는 상황이다.(23)

이런 상황으로 인해 미국 행정부가 현재 일어나고 있는 달러에 대한 동요에 귀를 기울일까? 그런 반응을 기대하는 것이 사실 일부 브릭스 국가들의 숨은 목표일 수 있다. "브릭스 이니셔티브를 통해 마침내 미국이 진정한 국제 통화를 만드는 데 동의한다면 저는 완벽하게 만족할 것"이라고 인터뷰 말

(20) 본인의 연설문을 전달해준 노게이라 바티스타 주니어에게 이 자리를 빌려 감사 인사를 전한다.

(21) Bernard Cassen, 'Le Sucre contre le FMI IMF에 맞선 수크레', <르몽드 디플로마티크>프랑스어판, 2008년 12월 2일.

(22) James K. Galbraith, 'The Dollar System in a Multi-Polar World', op. cit.

(23) 중국이 보유한 미국 부채는 약 1조 2천억 달러에 달한다.

미에 러시아 대담자가 말했다. 아글리에타도 이 점에 대해 묻자 "중국이 원하는 것도 바로 그것"이라고 확신했다.

극심한 경제위기에서만 세계경제질서 격변 일어나

사실 이 "진정한 국제 통화"는 IMF가 발행하는 특별인출권(SDR, Special Drawing Rights)의 형태로 이미 존재한다.(24) 1969년 브레튼우즈 체제가 붕괴될 위기에 처하자 1944년 존 메이너드 케인스가 구상한 방코르(Bancor, 일종의 국제결제시스템)와 유사하게 만들어진 SDR은 세계가 필요로 하는 통화 도구, 즉 국제 통화 관리라는 목적을 위해 설계된 기관인 IMF 내에서 공동의 방식으로 운영되는 국제 통화가 되는 데 필요한 모든 특성을 갖추고 있다. 2009년 중국 중앙은행 총재 저우 샤오촨은 IMF에서 물가 안정을 목표로 국제 유동성을 관리할 수 있는 글로벌 중앙은행의 시작을 보았고, 이 아이디어를 제안했다. 이 제안을 추진하려면 필연적으로 미국의 거부권을 박탈하기 위해 IMF를 개혁해야 하는데, 미국 엘리트들은 달러가 자신들에게 부여한 특권을 내려놓을 의사가 없었다.

적어도 현재 상황은 이렇다. 아스트리드 비오와 폴아서 루주가 지적했듯, 도널드 트럼프 미 대통령(2017~2021년)은 재임 기간 동안 "달러의 지배를 허용하는 미국의 영구적 적자 정책"에 끊임없이 의문을 제기해 왔기 때문이다. "적자는 전 세계에 달러를 공급하려는 미국의 의지에 대한 의구심을 불러일으킨 강력한 신호"라는 지적이었다.(25)

이렇듯 공식적인 연설과 언론의 보도가 '강한' 달러를 국가의 위대함의 상징으로 간주하도록 이끄는데도 불구하고, 미국 국민들은 더 이상 달러화의 국제적 지위에 의해 가치를 부여받지 않는다. 갈브레이스가 지적한 바와 같이, "화폐 다극성은 과두제로서 좋지 않을 수 있지만 민주주의, 지구 보호 및 공공의 이익에 좋다. 하지만 그런 날은 결코 너무 빨리 오지 않을 것이다." 불행하게도, 그는 "세계 경제 질서의 큰 격변은 극도의 위기에서만 일어난다"고 경고한다.(26) **Ld**

(24) Dominique Plihon, 'Une "monnaie" mondiale contre le dollar? 달러에 맞서는 국제 '통화'라고?', <르몽드 디플로마티크>프랑스어판, 2023년 10월호.

(25) Astrid Viaud & Paul-Arthur Luzu, 『Entre dollar et cryptomonnaies. Le défi des sanctions pour L'Europe 달러와 암호화폐, 유럽에 가해진 제재의 도전』, Arnaud Franel 출판사, 2022, Paris.

(26) James K. Galbraith, 『The Dollar System in a Multi-Polar World』, op. cit.

글·도미니크 플리옹 Dominique Plihon
경제학자. 소르본 파리 노르 대학교 명예교수 겸 국제금융과세연맹 (Attac) 학술위원회 위원

번역·서희정
번역위원

이스라엘보다 더 이스라엘적인 정치세력

전체주의로 결집한 부르주아 동맹

프레데리크 로르동 ▌경제학자

일반적으로 통용되는 폭력의 원칙이 있다. Ex nihilo nihil. 그 무엇도 무(無)에서 나오는 것은 없다는 것. 다시 말하면 언제나 선행 사건이 있다는 얘기다. 그러나 이러한 원칙은 안타깝게도 단 하나의 규칙만을 따른다 : 부정적인 상호 응징의 규칙이 바로 그것이다.

불의가 극에 달했을 때, 집단이 대량 학살을 경험했을 때, 더 최악의 경우, 그러한 대량학살이 눈에 드러나지 않게 행해지고 있을 때, 어찌 복수심에 불타는 증오가 끓어오르지 않을 수 있을까? 물론 이들은 좀 더 합리적인 전략을 찾을 수도 있었을 것이다 – 이스라엘과 아랍국가들 사이의 관계 정상화를 방해한다든가, 이스라엘과 팔레스타인 갈등을 국제무대에 재등장시키는 것 등 – 그러한 전략은 현실적이지만, 그럼에도 불구하고, 그들은 이 현실적 전략을 가동시키기 위한 가용 자원 가운데 살인적 복수 이상의 효과적인 연료를 찾아낼 순 없었던 것이다.

'테러리즘', 막다른 골목의 단어

FI(굴복하지 않는 프랑스: 프랑스의 대표적인 극좌파 정당-역주)당은 그들이 말하는 그 실수(1)를 저지르진 않았다. 하지만, 다른 몇 가지 실수를 저질렀고, 그중 한 가지

는 큰 것이었다. 이런 종류의 사건에서 사람들은 공포와 경악, 혐오감을 내비치지 않으며 곧바로 냉철한 분석을 내놓지도 않는다.

하지만 이번 사건은, 최소한의 형식적 동정심을 표하는 것으론 충분치 않았다. 공식적으로 내뱉는 한두 마디 말로 가볍게 지나칠 수는 없는 상황이었다. 비록 서방 세계는 팔레스타인 사람들에게 최소한의 동정심조차 전하지 않았다 해도, 이런 경우 FI당은 피해자에게 심심한 동정을 표하는 의무를 수행해야만 했고, 양쪽 모두에 동정심을 표하지 않은 이들을 부끄럽게 만들어야 했다.

FI당이 저지른 이 같은 실수가 실제로 파악되어, 공개 토론에 소환되고 심지어 발언 철회까지 요구받았다. 그러나 이번에 FI당이 물러서지 않는 것은 전적으로 옳은 선택이었다. '테러리즘'. 뱅상 르미르(Vincent Lemire)가 단언했듯, "테러리즘은 이 공개 토론의 출발점"이어야 하는가? 그렇지 않다. 테러리즘은 도착점도 아니다. 그것은 막다른 골목이다. '테러리즘'은 출구가 없는 막다른 골목의 단어이다. 다니엘 오보노(Danièle Obono)(2)가 우리에게 상기시키고 있는 것은 바로 이 점이며, 그녀의 말은 옳다. '테러리즘'은 오직 근절되어야 한다는 전망만을 갖게 하며, 다른 모든 정치적 분석을 막아서는 비정치적 범주에 속한다. 바로 그 증거를

(1) 이스라엘을 향한 하마스의 공격이 시작된 직후, 프랑스의 좌파 원내 정당인 굴종하지 않는 프랑스 당(FI)은 다음과 같은 내용의 성명을 발표했다. "하마스가 이끄는 팔레스타인 군대의 무력 공격은 가자지구, 서안지구, 동예루살렘에서 이스라엘의 점령 정책이 강화된 배경에서 비롯된 일이다. 우리는 이스라엘과 팔레스타인의 사망자들에게 모두 애도를 표한다". 특히 루이 보야르(Louis Boyard) 같은 FI당의 일부 의원은 프랑스 정부가 "이스라엘이 행한 팔레스타인 식민지화와 부당한 수탈"을 외면해 왔다며 현 상황에 대한 프랑스 정부의 책임을 비판하기도 했다. FI당의 이러한 태도는, 테러를 저지른 하마스를 규탄하고 피해를 입은 이스라엘 시민들을 향해 애도를 표하며 이스라엘에 대한 일방적 지지를 표한 우파 정당들로부터 일제히 비난을 받았다. (이하 역주)

(2) Danièle Obono : FI당의 국회 의원이자 대변인

마크롱이 제시했다. '국민의 단결', 그와 비슷한 선동의 말들이 10분 동안 8번이나 반복됐다. 갈등의 줄다리기는 멈춰 섰고, 분쟁은 무력화되었으며, 법령은 만장일치로 통과됐다. 그들의 논리를 따르자면, 팔레스타인을 지지하는 시위는 테러를 지지하는 시위이며, 심지어 테러리스트 시위가 되므로, 결과적으로 금지되어야 한다.(3)

이번 사태를 '테러리즘'이라고 부르는 것은, 이스라엘-팔레스타인 사이에 벌어지는 일들이 정치적인 문제라는 사실을 부인하는 것이 된다. 가장 높은 수준까지, 그 정치가 전쟁의 형태를 띠고 있더라도 군사전략가 클라우제비츠(4)의 말처럼 다른 수단을 통해 계속될 수 있다. 팔레스타인 사람들은 전쟁 중이다. 그들에겐 다른 선택의 여지가 많지 않았다. 이번 전쟁을 주도하는 단체는 그들 내부에서 형성되었다. 그들은 어디에서 왔을까? 나다브 라피드 (Nadav Lapid)(5)는 "가자지구를 괴물로 만든 것은 바로 우리"라고 밝힌 바 있다. 여기서 '우리'는 누구를 지칭하는 것일까?

굳이 '테러리즘'이라는 단어 없이도, 전쟁과 전쟁 범죄만으로도 충분히 공포의 극치를 말할 수 있다. 민간인 학살의 끔찍함을 말할 때도 이 단어들만으로 충분하다. 원칙적으로 살인 행위인 전쟁에서 '전쟁 범죄'라는 범주를 만들어 냈다면, 그것은 본질적으로 잔혹한 일들 가운데 또 다른 범주의 잔혹 행위를 지칭하기 위해서다. 어쨌든 지금은 폭력의 일반론이 필요한 순간이다. 범죄가 또 다른 범죄를 야기하고- 앞서 저질러진 범죄가 새로운 범죄의 씨가 되는 법이다. 기어이 이 사태를 테러리즘이라 부르려 하는 (서방세계의) 악착같음은 오직 감정적 요구만을 만족시킬 뿐, 그 어떤 지적 해법에도 도움이 되지 않는다.

실제로 테러리즘과 전쟁 범죄는 서로 끊임없이 넘나드는 두 가지 범주이며, 그 어떤 안정된 이율배반도 드러내지 않는다. 엄밀히 말하자면, 히로시마에서의 원폭 투하는 유엔의 테러리즘 정의에 부합하는 행위였다. 적대 행위와 직접 관련이 없는 민간인들을 살해하여 주민들을 위협하거나 정부로 하여금 특정 행위를 하도록 강요하기 위한 작전이었다는 면에서 그러하다. 그러나 우리가 히로시마에 투하된 원자 폭탄을 테러리즘으로 규정하는 말을 들어본 일이 있는가? 드레스덴(6)은 또 어떠한가? 그 또한 히로시마의 경우와 마찬가지로 나치 독일의 항복을 얻어내기 위해 독일 주민을 공포에 빠뜨린 행위였다.

그러나 현 상황을 직시하길 거부하는 이들에게 테러리즘은 대체 불가의 미덕을 지니고 있다. 이는 앞서 행해진 폭력을 무의미하게 만들어 버린다. 그리고 그 행위의 원인도 사라지게 한다. 그것은 하늘에서 뚝 떨어진 순수한 폭력이며, 즉각 절멸시키는 것 이외 그 어떤 종류의 대응도 필요 없다. 테러 세력을 절멸시키는 방식에서 일종의 십자군 전쟁과 같은 형태를 취할 수도 있을 것이다: 문명의 충격(le choc des civilisations)(7), 선의 축(8) 따위의 이런 방식을 취할 경우, 어떤 질문도 필요 없어진다.

우리는 지금, 사태 전반을 이해하는 것이 현 상황에 분노하지 않는 것이 되며 경악에 동참하지 않는다는 의미일 뿐 아니라, (테러 세력에 대한) 호의를 의미하는 것이 되어버리는 서구(부르주아)의 흐름 속에서 항해하고 있는 것이 사실이다. 이 어리석음의 제국은 유출된 기름이 번지듯 확장되길 멈추지 않고 있다.

(3) 이 같은 이유에서 팔레스타인 지지 집회를 금지시키려던 프랑스 정부의 의도와 달리 행정법원은 이러한 금지에 반기를 드는 결정을 내렸고, 프랑스 전역에 걸쳐 수차례 팔레스타인 지지 집회가 이어졌다.

(4) Carl Von Clausewitz (1780~1831) 프로이센 출신의 군사전략가

(5) Nadav Lapid (1975~): 이스라엘 출신의 영화감독이자 작가

(6) 독일의 한 도시로, 2차대전 말, 연합군이 사흘간 약 3,400여 톤의 폭탄을 떨어뜨려, 민간인 22,700~25,000여 명이 숨지고 중세 바로크 건축과 예술로 유명하던 도시의 유적들을 파괴했다. 현재까지도 당시 행해진 폭격의 의도와 실효성에 대해 많은 논란이 있다.

(7) 1996년 출간된 정치학자 사무엘 헌팅턴의 저서 『문명의 충돌(The Clash of Civilizations)』의 프랑스어 제목이기도 하다. 옛 소련이 무너진 이후, 점증해 가는 이슬람 세력과 중국의 힘에 맞서 서방세계의 전략을 제시했다.

(8) 2002년 조지W. 부시 미국 대통령이 테러와의 전쟁의 일환으로 이라크·이란·북한을 지칭하면서 사용한 표현 <악의 축>에 빗댄 표현

이해를 거부하는 집착

그들은 특히, 이해를 거부한다. 너무도 명백한 현 상황을 이해하기 위해 해야 하는 일은, 오로지 눈을 크 게 뜨는 것뿐이다. 하나의 민족 전체가 점령자로 인해 박 해를 당했다. 그런 지가 곧 80년이 되어간다. 그들은 출 구를 차단당했고, 미쳐버릴 때까지 갇혀 지내야 했다. 그 들은 굶주려야 했고, 죽임을 당했으며 이 상황에 대해 지 적하는 공식적인 목소리는 사라졌다. 지난 10개월 동안 200명이 죽었다. 거기에 대해 한마디 말도 없었다. 세상 은 이런 일을 벌이는 이스라엘인들에 대해 아무 말도 하 지 않았다.

여전히 생생한 이스라엘인들의 범죄 영상 증거가 있지만, 그에 대해선 한마디 말도 나오지 않았다. 2018 년, 국경선을 평화롭게 걷고 있던 200명의 팔레스타인 인들이 사살되었다. 이에 대해서는 아무 말도 나오지 않 았다.

무릎을 땅에 대고 사람을 조준 사격하는 저격수들 이, 어느 날 오후 42명을 저격했다. 여기에 대해서도 한 마디 말도 나오지 않았다. 이들을 향해 이런 말이 들려왔 다. "세계에서 가장 도덕적인 군대". 바로 그 "세계에서 가장 도덕적인 군대"의 퇴역 군인들은 이스라엘 정부가 그들로 하여금 팔레스타인 사람들에게 행하도록 한 일 들의 혐오스러움과 비인간성에 대해 비판하였지만, 그들 의 발언에 대해 서구 언론은 한 줄도 싣지 않았다. 10월 초, 하마스가 혐오스러운 행위들을 이스라엘에서 저질렀 다면, 그에 비할만한, 아니 오히려 그보다 더 심한 범죄 들이 (이스라엘) 군대나 (이스라엘) 식민지배자들에 의 해 행해져 왔다. 그러나 이에 대해선 강물에 떨어진 가는 물방울 정도만큼만 다뤄졌을 뿐이다.

이스라엘에서 벌어진 비극은 가슴 아픈 증언으로 구체화되었고, 팔레스타인에서 벌어진 비극은 통계로 집 계될 뿐이다. 통계 얘기가 나와서 하는 말이지만, 이번 하마스에 대한 공격에 가담한 남자들 가운데 가까운 이 의 시신이나 산산조각 난 아기의 몸을 두 팔에 안았던 자, 그래서 더 이상 복수 이외의 삶의 의미를 찾을 수 없 게 된 자들의 수가 얼마나 되는지 알고 싶다.

아니, 이것은 테러가 아니다. 복수의 용광로에서 녹 아내린 금속이 무력 투쟁에 흘러내린 것이다. 그것은 전 쟁과 잔혹함을 촉발하는 영원한 모터다.

바로 이것이 팔레스타인 사람들을 하나로 묶는 불 의의 감정이다. 어떤 삶은 또 다른 삶과 같은 가치를 지 니지 않는다는 사실보다 더 큰 불의는 없다.

이보다 더 심각한 불의는 없다. 이것을 이해하지 않 기 위해서는 대단히 멍청해야만 할 것이다. 인간적인 이 해까지도 필요 없다. 단순한 전략적 신중함(언젠간 부메 랑이 되어 돌아올 거라는)만 가진다 해도 현재의 불의를 인정하지 않을 도리는 없다.

집단적으로 행해져 온 박해를 존재하지 않는 것으 로 만들어 버리고, 아랍인의 생명에 대한 가치를 온전히 부정하는, 이 같은 상황이 무한정 계속될 수 있다고 여기 는 것은 식민지배자의 착각일 뿐이다.

부르주아 동맹(Bloc Bourgeois)과 '수입된 갈등'

현시점에서 가장 놀라운 사실은 서구 진영의 모 든 공식 채널들이 이 같은 환상에 동조하고 있다는 사 실이다. 특히 프랑스에서 보여지는 수준은 놀라울 정도 다. 우리는 '수입된 갈등'의 위험에 대해 우려해왔다. 이 미 대규모로 외부로부터 분쟁들이 수입되어왔다는 사실 을 눈치채지 못한 채 말이다. 물론, '수입된 갈등'은 '아 랍인' '이민자' '변두리(banlieue)' 같은 단어들을 에둘 러 말한 표현일 뿐이다. 그러나 실제 수입의 경로는 전 혀 그것이 아니다. 그것은 바로 우리 눈앞에 파나마만큼 이나 넓게 펼쳐져 있으며, 거기엔 수압관처럼 거품이 일 고 있다 : 갈등의 수입 경로는 바로, 부르주아 동맹(Bloc Bourgeois)이다.(9) 정치인, 그들과 긴밀히 연결된 데스 크들, 〈특집〉을 발행하고 있는 미디어들 등 그들의 모든 조직들은 즉각, 갈등 수입을 위한 작업에 착수했다. 왜 이들은 〈테러리즘〉에 집착하는 걸까? 이는 물론, FI당의 관점을 무력화시키기 위해서다. 다시 이 문제로 돌아왔

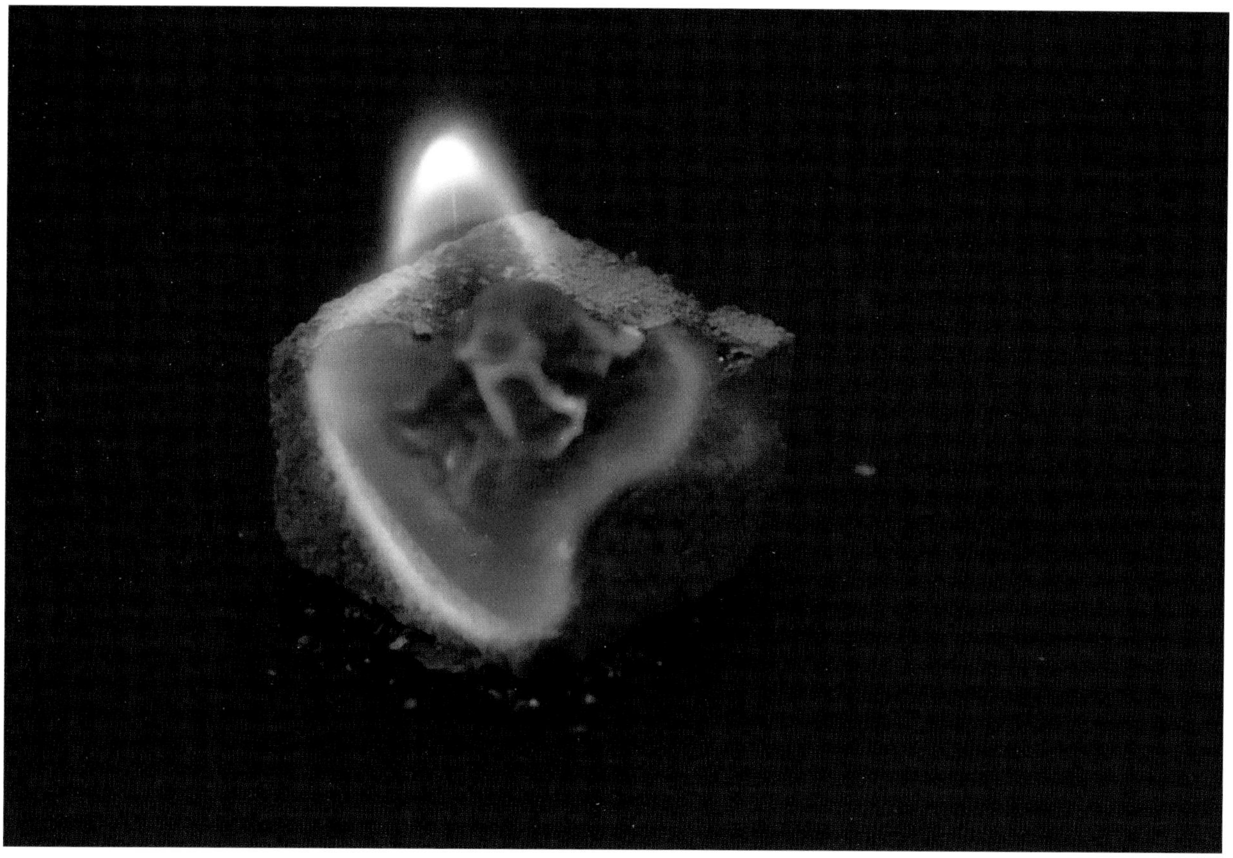

<재를 촉매재로 사용한 불 붙은 각설탕> - 로빈 뮐러

다. 그러나 이번엔 조금 다른 관점이다. 이번엔 특정 이해관계가 있는 갈등의 수입이다. 부르주아 동맹이 해외에서 이스라엘 뒤에 집결하면, 국내에선 그들의 적에 맞서 집결할 기회를 포착한다.

부르주아 동맹, 이스라엘보다 더 이스라엘적인 행보

이 대목에서 필요한 것은 부르주아 동맹과 '이스라엘'(그것이 이스라엘인들이든, 국가든, 정부든) 간에 이뤄진 반사적인 연대와 그것을 가능케 하는 유사성에 대한 분석이다. 부르주아들이 갖는 이스라엘과의 유사성 : 타락한 (부르주아적) 민주주의에 대한 동일한 취향, 지배자로서의 동일한 구조적 위치(국가적 지배, 지역적 지배), 자신을 대변할 수 있는 선동적 미디어의 소유, 이런 상황에서 이스라엘은 서구 부르주아 사회처럼 대변된다. (스타트업 업체들이 넘쳐나는 활력 있는 텔아비브의 이미지로) 이 모든 것이 부르주아 동맹으로 하여금 자발적으로 '이스라엘'이라는 실체에서 자신들을 발견하게 하고, 이스라엘이 내세우는 명분을 옹호하도록 만들고 있는 것이다.

더군다나 프랑스의 부르주아 동맹은 이스라엘인들보다 더 이스라엘적이다. 이스라엘의 공식 채널조차 이스라엘이 팔레스타인에서 벌여온 행위가 '아파르트헤이트'라는 사실을 인정하고 있음에도, 프랑스 부르주아들은 '아파르트헤이트'라는 표현을 거부한다. 이스라엘의 일부 좌파 정당도 자신들

(9) 경제학자인 브뤼노 아마블(Bruno Amable)과 스테파노 팔롬바리니(Stefano Palom-barini)가 그들의 공저 『부르주아 연합의 착각(L'Illusion du bloc bourgeois)』에서 처음 사용한 표현.

의 정부를 '인종주의 정부'라 부르지만, 그들은 이 표현도 거부한다. 이스라엘 언론 〈하레츠(Haartz)〉까지도 현 사태에 대한 이스라엘 정부의 명백한 책임을 말하고 있지만 프랑스 부르주아 동맹은 이스라엘 정부의 책임을 거론하지 않는다. 많은 이스라엘 고위 장교들 역시 자신의 정부의 지속적인 살육 정책에 대해 비판적으로 이야기한다. 그러나 프랑스 부르주아 동맹은 이 또한 부정하며, 유엔과 국제법이 하마스의 행위를 '전쟁 범죄'라고 부르고 있음에도 이들은 '전쟁 범죄'라는 표현을 받아들이지 않는다. (대신 테러라고 부르길 고집한다.)

이스라엘 언론인 기돈 레비는 "2백만 명이나 되는 팔레스타인 사람들을 감옥에 가둔 이스라엘은 이에 상응하는 대가를 치르지 않을 수 없다"라고 말했다. 이스라엘의 전 외교관 다니엘 레비는 "가자지구를 전멸시키기 직전에 이른 이스라엘은 스스로를 방어하고 있을 뿐이다"라고 말한 BBC 기자에게 이렇게 반문했다. "당신은 정말 눈 하나 깜짝 않고 그런 말을 할 수 있습니까?"

그러나 프랑스 부르주아 동맹은 여전히 "이스라엘은 스스로를 방어하고 있을 뿐"이라고 말한다. 그들은 러시아가 우크라이나에 대한 모든 자원을 차단했을 때는 '폭정'이라고 말했지만, 이스라엘이 가자지구에 대한 모든 자원을 중지했을 때는 아무 말도 하지 않았다. 부르주아 동맹은 스스로를 이스라엘과 동일시하고 있으며, 그 무엇도 그들을 제어할 수 없다.

그들에게 있어선, 외부의 부르주아 형제들이 적을 향한 투쟁에 나서는 동안, 내부에 있는 부르주아 동맹의 반대자들에 맞선 투쟁이 서로를 강화시키는 상황이기에 더욱 강렬하게 이스라엘과의 연대감을 느낀다. 그것은 비판의 대상인 부르주아 동맹이 자신의 지위를 유지하기 위해 무엇이든 할 준비가 되어 있는, 유기적 위기 상황에서 나타나는 거대한 무의식적 공명과도 같은 것이다.

이들은 자신들을 둘러싼 주변을 살핀다. 그들은 유일하게 의미 있는 하나의 적을 발견한다. 그것은 FI(굴종하지 않는 프랑스당)이다. 사회당, 유럽녹색당, 공산당은 모두 무력화시켰다. 그쪽으론 어떤 근심도 생길 것이 없다. 그들은 중요한 조력자 노릇을 하기도 하지만, 그렇지 않을 때에도 어떤 위험도 드러내지 않는다.

하지만, FI는 이들과 다르다. 그리고 마침 이들을 절멸시킬 기회가 찾아왔다. 한순간도 망설일 시간은 없다. 영국 노동당의 제레미 코빈 전 당수와 미국의 진보적 정치인 버니 샌더스 경우가 그러했듯(10), 반유대주의라는 억측은 이미 순항을 계속하고 있다. 그러나 이 같은 기회는 예사로운 것이 아니다.

하늘이 내려준 기회인 FI의 첫 실수 이후, 공공연한 거짓말, 발언에 대한 뻔뻔한 왜곡, 그들의 성명에 대한, 혹은 날조된 성명의 부재에 대한 엉터리 여론 조사, 반이성적인 비판 등 모든 것들이 이 벌어진 틈을 향해 몰려갔다. 〈BBC〉는 (하마스를 향해) '테러리스트'라는 표현을 쓰지 않지만, FI당은 그것을 말해야 한다고 요구한다. 그 권위를 인정받는 대학교수들이 텔레비전에 나와 이번 분쟁에 대한 분석을 내놓고 있지만, FI가 내놓은 같은 내용의 분석은 정치 스캔들이 되어버린다. FI가 내놓은 입장은 유엔이 취하는 입장과 매우 유사하지만, FI의 입장은 반유대주의로 치부된다. "장 뤽 멜랑숑은 대체 뭘 하자는 건가? 이슬람 테러집단을 용인하기라도 하겠단 말인가?" 라뉘앙스지(11)는 이렇게 묘한 뉘앙스를 띄우며 묻고 있다.

(10) 영국과 미국 정가가 공유하는 이스라엘에 대한 일반적 정서에 반하는 이성적이고 비판적 의식을 지닌 이 두 정치인은 주류 미디어로부터 반유대주의자라는 해묵은 공격에 직면해야 했다.

(11) 프랑스에서 발간되는 기독교 계열의 월간지

진실의 순간은 언제나 몇 가지 좋은 점을 가지고 있다. 우리는 이제 공화당 진영이 무엇으로 구성되어 있는지를 알게 되었다. 그들은 반대 의견을 금지하고, 공개적인 표현을 금지하며, 시위를 금지하고, 만장일치나 침묵을 강요한다. 그들은 이스라엘-팔레스타인 문제와 관련하여 정치에 계속 참여하려는 모든 사람들을 향해 경찰을 통해 위협을 가하도록 한다. 이들은 각 대학들로 하여금 학생회가 발행하는 보도자료에 대해 경고하도록 조장하며, 은밀히 반자본주의신당(NPA)이나 영속적 혁명(Révolution permanente) 같은 조직을 제소할 것을 검토 중이며, 이러한 극좌 정당들의 해산을 염두에 두고 있을 것이다.

실제 벌어진 일들은 정국의 경직 그 이상이다. 원칙대로라면, 경직은 이완으로 귀결된다. 그러나, 지금은 오히려 결집시키며 새로운 국면으로 나아간다. 그것은 평범한 국면이 아니다. 전체주의다. '전체주의'는 강압을 통해 만장일치를 이끌어내는 모든 정치적 기도가 필연적으로 도달하는 정치 체제의 범주다. 협박, 동조에의 강요, 범죄 사실의 공표, 조직적인 사실의 왜곡, 모든 동의하지 않는 의견들의 악마화 등이 그들이 사용하는 주된 작전 도구이다. 그다음엔 금지와 처벌이 따를 것이다. 팔레스타인 민족에 대한 지지를 선언하는 것은 미친 짓이 되어버린다.

팔레스타인 깃발을 다는 행위에 대해선 135유로의 벌금을 물게 한다. 그들은 이 벌금을 정당화할 법적 근거를 애써 찾고 있다. "자유 팔레스타인(FREE PALESTINE)"은 반유대주의 슬로건이다. 이 분야에서 우아한 심판의 역할을 맡은 〈CNews〉(12)의 말이다. 이 또한 반역의 시대를 상징하는 일이다. 반유대주의자들과 공모한 자들이 반유대주의에 대한 고발을 전파하고, 나치즘의 전 공모 세력들이 나치즘에 대한 고발을 퍼뜨린다. 나머지 정계나 언론계는 〈CNews〉의 이러한 해석 앞에서 조용히 입을 다무는 것으로 승인한다. 집권당 LREM과, 〈France Inter〉(공영라디오), 그리고 〈France 5〉(공영TV 방송) 등등에서 이 모든 것을 액면 그대로 받아들이고 있는 이 상황을 두고, 볼로레(Bolloré)(13) 제국의 복도에선 더 이상 웃음을 참을 수 없는 지경일 것이다. 공화당 진영은 정치와 자유, 기본권을 모두 멈춰 세우는 진영이다. 이들은 반아랍 인종주의와 모든 비백인 진영의 삶에 대한 경멸로 뭉쳐진 진영이다.

아랍 세계의 사람들 뿐만 아니라 모든 이들이 이 모든 부조리를 지켜보고 있다. 이 모든 것들은 모든 이들의 뇌리에 아로새겨지고 있다. 하지만 네메시스(인간의 오만·불손한 행위에 대한 신의 노여움·벌을 의인화한 여신)가 되돌아온다고 해도 서방 지도자들은 어리둥절해 하면서도 아무것도 이해하지 못할 것이다. 어리석은 백인 남성들. **LD**

(12) 뉴스 전문 채널로 극우적 성향, 즉, 반유대주의적 성향을 가진 매체로 알려져 있다.

(13)Vincent Bolloré(1952~): 방송사 <Canal+>, <CNews>를 비롯, 10여 개의 방송, 신문, 잡지 등을 소유한 프랑스의 미디어 재벌이다.

글·프레데리크 로르동 Frédéric Lordon
프랑스 경제학자이자 프랑스국립과학연구소(CNRS)와 유럽사회학연구소(CSE)에서 연구팀장을 맡고 있다. 금융위기, 사회학에 관한 연구를 주로 하고 있다. 특히 저서 『언제까지? 금융위기를 해결하기 위해서(Jusqu'à quand? Pour en finir avec les crises financières)』는 많은 관심을 받았다. 최근 저서로는 2009년에 출간된 『넘쳐나는 위기: 파산한 세계의 재건(La crise de trop. Reconstruction d'un monde failli)』이 있다.

번역·정수리
번역위원

10월 10일 (현지시간) 팔레스타인 무장 정파인 하마스의 기습 공격에 대응한 이스라엘의 공습을 받은 가자 지구의 쑥대밭이 된 건물의 모습이 보인다./뉴스1 _ 관련기사 42면

DOSSIER

도시에

이스라엘-팔레스타인, 혼란 그리고 그 이후

프랑스의 명성에 먹칠한 "살인자" 마크롱

브누아 브레빌 ▌〈르몽드 디플로마티크〉 프랑스어판 발행인

멀리서 보면 모든 것이 고요해 보였다. 게다가 최근에 이스라엘과 몇몇 아랍 국가 간에 협정이 체결된 이후에는, 모든 것이 정상화되고 있는 것처럼 보였다. 그러나 하마스가 10월 7일 공격을 개시하자, 전 세계의 뉴스 채널들은 앞다투어 다양한 해석을 내놓았다. 갈등의 배후에는 이란이 있고, 우리는 공격의 본질에 집중해야 하며, 이번 사태의 명칭은 전쟁이 아닌 '테러'라고 말이다. 이스라엘에서는 민간인 학살을 막지 못한 무능한 정부를 향해 민심이 들끓고 있고, 팔레스타인인들의 사망자 수는 수천 명대를 넘어섰다. 프랑스는 자발적으로 미국의 외교 기조를 충실히 따르면서 무력감을 드러냈다.

1996년 10월 23일, 예루살렘의 경찰과 그 유명한 언쟁이 벌어졌던 다음 날, 자크 시라크 프랑스 대통령은 당시 팔레스타인 자치정부의 수반이었던 야세르 아라파트 의장을 가자지구에서 만났다. 시민들의 열렬한 환호 속에서 두 정상은 샤를 드골 거리의 개통식을 마쳤다. 그로부터 약 10년 뒤인 2007년 4월에, 팔레스타인의 새로운 수장이 된 마흐무드 압바스는 파리를 방문해 라말라에 자크 시라크 거리를 조성할 계획이라고 밝혔다. 그러나 팔레스타인의 나블루스에 에마뉘엘 마크롱 거리가 만들어지는 일은 결코 없을 것이다. 현 프랑스 대통령은 아랍 국가들로부터 미움을 받고 있기 때문이다. 10월 7일 하마스의 공격에 대한 이스라엘의 반격을 규탄하며 거리로 뛰쳐나온 튀니스와 베이루트의 시민들은 곧 프랑스 대사관으로 이동해 "살인자 마크롱"을 외쳤다.

"'네, 그렇지만(yes, but)'이라는 말은 없어야 합니다. (중략) 이스라엘에는 자국을 방어할 권리가 있습니다." 10월 12일 프랑스 대통령은 미국과 완벽하게 똑같은 입장을 밝혔다. 그로부터 며칠 전에, 조 바이든 미국 대통령은 다음과 같이 말한 바 있다. "이스라엘은 반격할 권리가 있습니다. 심지어 이 끔찍한 공격에 반격할 의무도 있습니다. (중략) 테러는 어떠한 논리로도 정당화될 수 없습니다. 어떠한 변명도 구실도 있을 수 없습니다." 그러나 2008~2009년의 캐스트 리드(Cast lead) 작전, 2012년의 방어 기둥(Pillar of defense) 작전, 2014년의 가장자리 보호(Protective edge) 작전, 2021년의 벽의 수호자(Guardian of the walls) 작전, 2022년의 새벽녘(Breaking Dawn) 작전에서 그랬듯이, 이스라엘 정부는 철의 검(Iron swords) 프로젝트도 충분히 완수할 수 있다. 팔레스타인에 전기와 물의 공급을 끊고는, 팔레스타인 민간인들을 강제 이동시키는 한편 무차별적인 포격과 공습을 쉼 없이 가하는 이스라엘은 동맹국들의 눈치를 보지 않고 원하는 모든 것을 할 수 있다. 카트린 콜로나 프랑스 외교부 장관은 그저 "가자 지역을 포함해" "가능한 한" 민간인들은 보호하자는 지시를 내린 것이 전부였으니 말이다.(〈프랑스 앵포〉 2023년 10월 11일)

드골, 이스라엘을 비판하며 팔레스타인을 지지

지금으로서는 믿기 어려운 일이지만, 사실 프랑스는 오랫동안 팔레스타인 민족의 친구였다. 수십 년 동안 양측의 수장들은 식민지화, 영토 점령, 추방, 굴복 등 오늘날 공식적으로 금지된 모든 '네, 그렇지만' 부류의 표

<적색경보> 시리즈 중, 2021-야잔 아부 살라메

현을 한목소리로 비난했다. 드골 장군은 1967년 6월에 이스라엘이 일으킨 전쟁을 맹렬하게 비난하면서 이스라엘에 대한 무기 판매를 금지했다. 그는 같은 해 11월 27일에 열린 기자 회견에서 다음과 같이 말했다. "지금 이스라엘은 자신이 빼앗은 영토를 점령하고, 그곳 주민들을 억압하고 추방하려고 합니다. 그리고 이스라엘에 저항하는 행위는 무조건 테러라고 규정합니다."

니콜라 사르코지가 프랑스 대통령에 취임하기 전까지, 드골 장군 이후의 모든 프랑스 대통령들은 이스라엘과 미국의 심기를 건드릴 만한 돌발적인 행동, 상징적인 제스처, 외교적인 결정을 이어갔다. 조르주 퐁피두는 아랍 국가들에 프랑스산 무기를 수출했고, 발레리 지스카르 데스탱은 팔레스타인해방기구(PLO)와 대화를 시작하는 동시에 유럽공동체가 팔레스타인인의 자치권 보장에 관한 베네치아 선언을 채택하도록 압박했다.

프랑수아 미테랑은 1982년 크네세트(이스라엘 의회)에서 연설하던 중에 'PLO'와 '팔레스타인국'이라는 단어를 사용했고, 1989년에는 야세르 아라파트를 엘리제궁으로 초청했다. 자크 시라크는 다양한 이유로 많은

팔레스타인인의 기억 속에 각인되었는데, 1996년 이스라엘을 방문해 팔레스타인 관련 지원을 요청했다. 2003년에는 미국의 이라크 침공을 강력하게 비난했으며, 건강이 악화된 야세르 아라파트를 프랑스 병원에 입원시켜 치료했다. 그가 사망한 이후에는 전 세계 수장들 중 프랑스 대통령이 가장 먼저 애도를 표했다.

이러한 프랑스의 '비동맹주의'는 프랑스가 마그레브 국가 및 중동 국가와 아직 제대로 된 관계를 정립하지 못하고 있던 1967년에 드골 대통령이 펼쳤던 '아랍 정책'에 따른 것이었다. 그 이전에 프랑스는 여기저기서 외교 문제를 일으키고 있었다. 1956년 수에즈 위기 때 이스라엘과 영국에 맞서 군대를 파견했고, 1961년에는 튀니지 비제르테의 해군 기지에서 철수하는 과정에서 튀니지 군대와 전투가 벌어지기도 했다. 이는 프랑스가 튀니지의 사키에트 시디 유세프 마을을 폭격한 지 고작 3년이 지난 시점이었다. 알제리 전쟁으로 수천 명의 사망자가 발생했던 사건도 빼놓을 수 없다. 당시의 프랑스는 스스로 나쁜 이미지를 쌓아가고 있었다고 해도 과언이 아니다.

사르코지 이후부터
미국의 친이스라엘 정책 따라가

그러나 드골은 아랍 세계의 중요성을 잘 알고 있었다. 식민지 시대와 위임통치 시절부터 오랜 인연을 이어온 곳이기 때문이다. 이 지역은 석유 매장량이 풍부해 전략 지정학적인 중요성이 나날이 커지고 있었지만, 냉전 체제의 국가들과는 상대적으로 교류가 적었다. 프랑스는 냉전 중인 국가들과는 다른 독자적인 노선을 구축하고, 아랍 국가들에게 일종의 중개인 또는 제3세계를 위한 공명 상자와 같은 역할을 자처하면서, 이 지역에서 주도권을 잡기를 원했다. 식민지 시대가 끝난 후에도 프랑스의 영향력을 계속해서 유지하기 위해, 드골은 독립적인 핵 억지력을 개발하고, 북대서양조약기구(NATO)를 탈퇴했으며, 1966년 프놈펜에서 미국의 베트남전 개입을 비판함으로써, 미국의 그늘에서 벗어나고자 애썼다.

"프랑스에는 대(對) 아랍정책이라는 것이 특별히 없습니다. 대중 정책이 없는 것과 마찬가지입니다. 그렇지만 아랍 국가들을 대할 때 자국의 이익을 최우선으로 여기겠다는 방침은 있습니다." 드골의 전력을 설계한 인물 중 하나인 미셸 조베르의 설명이다.(1) 프랑스는 때때로 자국의 이익을 위해 미국과 한 편에 서기도 했다. 1991년 걸프전이 그 예로, 당시 프랑스는 아랍 국가들로부터 배신자 취급을 받았다. 그러나 프랑스는 대부분의 경우에 미국과 입장을 달리했고, 이 덕분에 미국을 제외한 다른 국가들에서는 인기가 꽤 높았다. 2003년 자크 시라크 프랑스 대통령이 미국의 이라크 침공을 비판한 뒤 알제리의 알제와 오랑을 방문했을 때, 그는 알제리 국민들 수천 명의 환호 속에서 영웅 대접을 받았다. 말리의 통북투에서도 뜨거운 환대를 받았다. 그러나 니제르, 레바논, 부르키나파소, 튀니지, 차드, 이란의 프랑스 대사관은 현지인들의 항의 시위로 한동안 몸살을 앓았다.

최근의 프랑스 대통령들은 이스라엘-팔레스타인 문제에 있어서 미국의 길을 그대로 따르면서, 이스라엘을 지지하고 이들의 영토 분쟁을 '대테러 투쟁'으로 취급하고 있다. 2009년 이스라엘이 가자지구에 폭탄을 대량으로 투하하고 3주가 지난 시점에, 당시 프랑스의 니콜라 사르코지 대통령은 "유럽인들은 이스라엘이 자국의 안전을 지키는 것을 지지한다"라고 발표했다. 5년 뒤 가자지구가 또다시 폭격을 당하자, 이번에는 프랑수아 올랑드 대통령이 "자국민을 보호하기 위해 모든 필요한 조치를 동원하고 있는" 이스라엘 정부에 깊은 "연대감"을 표했다. 그리고 현 대통령인 마크롱의 행보도 이 둘과 별반 다르지 않다.

프랑스, 팔레스타인 동조 집회 금지

이처럼 미국의 편에 서는 것은 아랍 국가들이 프랑스에 대해 갖고 있는 이미지에 악영향을 줄 뿐만 아니라, 이미 그것 자체로도 합리적이지 않다. 우크라이나부터 중동 문제에 이르기까지 모든 전략적인 문제에 있어서 미국의 입장을 그대로 따름으로써, 프랑스는 쇠퇴의 길에 접어들었다. 많은 이들의 반감을 사고 있는 강대국 미국과 한배를 탄 셈이 되었기 때문이다. 많은 국가가 다극적인 국제질서를 원하는 상황에서, 프랑스는 전 세계 대부분의 국가들과 등을 돌릴 것이 아니라 새로운 동맹국을 찾아 나서고 과거에 누렸던 중재 국가로서의 위상을 되찾아야 한다. 이번에 가자 지구에서 벌어진 전쟁은 다시 한번 서구권의 위선을 보여주었다. 우크라이나를 지원하면서 근거로 내세웠던 국제법은 팔레스타인 문제에서는 전혀 거론되지 않고 있다. 이쯤 되면 블라디미르 푸틴의 '이중 잣대'를 비난할 자격도 없다.

미국을 맹목적으로 추종하며 프랑스의 국제적인 신뢰를 떨어뜨린 것도 모자라, 마크롱 대통령은 자유의 수호자로서의 프랑스의 명성에도 먹칠을 했다. 외교 정책에 관해 발언하는 도중에 마크롱 대통령은 자유, 민주주의, 관용의 가치를 들먹이며 독재 체제를 비판했다. 이 가치들은 21세기에 떠오른 새로운 종교로, 그것을 문제로 삼거나 심지어 입에 올리기만 해도 이단으로 취급받을 수 있다. 게다가 마크롱 대통령은 '자유주의적인' 외교 정책을 설명하면서 자유를 침해하는 각종 방침을 제시했다. 빅토르 오르반이 이끄는 헝가리와 함께, 프랑스는 유럽국들 가운데 팔레스타인의 입장에 동조하는 집회가 금지된 유일한 국가이다. 브뤼셀, 바르셀로나, 코펜하겐, 비엔나 곳곳에서는 'Boycott Israel'이라는 팻말을 쉽게 볼 수 있다. 그러나 프랑스에서 만약 그런 문구가 등장한다면, '반(反)유대주의'(antisémitisme)라는 낙인이 찍혀서 언론은 그에 관해 각종 기사를 쏟아내고 장관들은 TV 토론회에 출연해 주동자를 당장 고소해야 한다며 목소리를 높일 것이다.

내무부 장관의 요청으로 종종 '테러 옹호'와 관련된 조사가 이루어지곤 했는데, "팔레스타인들과 그들이 저항을 위해 선택한 투쟁 수단을 지지한다"라고 밝힌 반자본주의신당(NPA), 하마스를 "저항 단체"라고 어설프게 정의한 굴복하지 않는 프랑스당(LFI) 소속 국회의원 다니엘 오보노, 극우파 정당인 공화국원주민당이 그 대상이었다. 그리고 니스 출신의 축구선수 1명, 노조 위원 2명, 에시롤의 사회당 소속 의원 1명도 조사를 받았다. 또한 제랄드 다르마냉 내무부 장관은 "하마스 또는 하마스 주변 단체들을 비공식적으로 은밀히 추종하면서 재정적으로도 지원하는 일부 단체들"에 대해 "해체 절차"를 진행하겠다고 발표했다.

그러나 발랑스의 한 식당이 시 소속 경찰들로부터 간판의 네온사인을 당장 끄지 않으면 영업 정지 명령을 내리겠다고 위협을 받은 사건이 발생했을 때, 이 마녀사냥은 돌연 코미디로 장르가 바뀌었다. 전구 몇 개가 불이 나간 탓에 본래 상호인 'Chamas Tacos'가 'Hamas Tacos'로 바뀌어 일어난 촌극이었기 때문이다. 그러나 이러한 촌극이 때로는 우려스러운 상황으로 돌변하기도 해서 우리는 마냥 웃을 수만은 없다.

최근 미국에서는 일부 하버드 대학생들이 하마스 공격의 책임은 이스라엘에 있다는 내용의 성명을 발표한 뒤로 혹독한 대가를 치르고 있다. 초기 문서에는 서명한 학생들의 이름이 나와 있지 않았지만, 그 명단은 소셜 네트워크를 타고 빠른 속도로 퍼져나갔다. 그러자 월스트리트의 임원들은 곧 '블랙 리스트'를 만들어 해당 학생들의 채용을 금지했다. 또한 한 보수 압력단체는 대형 스크린이 설치된 트럭을 마련해 하버드 대학교 캠퍼스 주변을 돌게 했는데, 그 스크린에는 "하버드의 유명한 반유대주의자"들의 이름과 얼굴이 계속해서 등장했다.(2) 미국의 외교 노선을 따라가면서, 프랑스는 과대망상증과 매카시즘 등 미국이 가진 최악의 결점들까지 문명 전쟁이라는 이름으로 도입하고 있는 걸까? ⒧⒟

마니에르 드 부아르 13호
『언어는 권력이다』

권 당 정가 18,000원
1년 정기구독 시 72,000원
⇨ 65,000원

글·브누아 브레빌 Benoît Bréville
〈르몽드 디플로마티크〉 프랑스어판 발행인

번역·김소연
번역위원

(1) Cf. Ignace Dalle, 'Les relations entre la France et le monde arabe 프랑스와 아랍 세계 간의 관계', <Confluences Méditerranée>, vol. 96, n° 1, Paris, 2016.
(2) Anemona Hartocollis, 'After writing an anti-Israel letter, Harvard students are doxxed', <뉴욕타임스>, 2023년 10월 18일.

하마스, 전쟁의 악순환

이스라엘-팔레스타인 전쟁 그 이후는?

10월 7일 새벽, 가자지구 하마스가 이스라엘 영토에 대규모 기습 공격을 감행해 민간인 사상자가 속출하고 주요 시설이 파괴됐다. 현재 하마스는 팔레스타인 저항운동의 선도자를 자처하지만, 공격 당시 벌인 극악무도한 만행 때문에 정치적 미래는 위태롭기만 하다.

아크람 벨카이드 ▮〈르몽드 디플로마티크〉 기자

"**현**재 중동은 최근 20년 중 가장 평화롭다." 제이크 설리번 미 국가안보보좌관은 9월 29일 미국 잡지 〈더 애틀랜틱〉 주최 행사에서 이렇게 말했다.(1) 이스라엘과 여러 아랍국의 관계 정상화를 중동지역 평화의 징후라 믿고 싶은 것이다. 진정 중동은 평화로운가?

얼마 전 가자지구에서 이스라엘과 팔레스타인 간 유혈 충돌이 발생했다. 조상의 땅으로 돌아갈 권리를 주장하는 팔레스타인의 모습은 이스라엘 저격수가 시위대 200명의 목숨을 앗아간 '2018~2019년 귀향 대행진' 운동을 연상시켰다.

진정 중동은 평화로운가? 9월 26일, 토르 베네슬란드 유엔 중동평화특사는 유엔안보리 보고서에서 요르단강 서안지구와 동예루살렘의 정착촌 건설이 국제법상 불법이라 규정했다. 8월 말에는 여러 이스라엘 인권단체가 보고서를 통해 이스라엘 점령지에서 이스라엘군의 폭력이 지속적으로 자행되고 있음을 폭로했다. 이에 따르면, 1월 1일~8월 말에 팔레스타인 220명이 이스라엘군과 정착민에게 죽임을 당했다.(2) 제이크 설리번은 이

호시탐탐 기회를 엿보는 이란과 헤즈볼라

하마스가 이스라엘을 공격한 배후에 이란이 있을까?〈월스트리트 저널〉은 익명의 제보자를 인용해 이란이 '알아크사 홍수' 작전에 청신호를 줬다고 10월 8일 보도했다. 여기서 한 가지 의문이 든다. 친이란 무장세력 헤즈볼라는 왜 하마스와 동시에 전쟁에 돌입하지 않았을까? 그랬다면 미국이 '예방' 차원에서 보낸 제럴드포드 항공모함이 도착하기 전에, 이스라엘군을 무너뜨리는데 크게 기여했을 것이다. 이스라엘의 폭격과 교전이 레바논 국경에서 발생했지만, 2차 교전으로 이어질 가능성은 전투가 발생한 지 열흘이 넘도록 불확실했다. 이란에게 헤즈볼라는 이란 핵시설에 대한 공격을 저지할 수 있는 주요 억제수단이다. 그러나 이스라엘의 지상전 공세가 강화되면, 레바논이 참전할 가능성이 높아진다. 미군 241명과 프랑스군 58명이 사망한 베이루트 테러 사건으로 미 해병대가 레바논 해안을 폭격한 지 40년이 흐른 지금, 또 다른 미군의 반격을 감수하고서라도 말이다. ⒹⒹ

글·아크람 벨카이드 Akram Belkaïd
〈르몽드 디플로마티크〉 기자

번역·이보미
번역위원

모든 사건에 무감각한 듯하다. 어쨌든 아랍세계에 흔한 농담처럼, 중동의 상황은 팔레스타인이 유일하게 고통받는 존재가 아닐 경우에만 심각하게 간주된다.

그로부터 일주일 후, 상황은 극적으로 변했다. 10월 7일, '알아크사 홍수' 작전으로 이 지역은 본격적인 불확실성의 시대로 접어든다. 알아크사 홍수는 하마스와 그의 군사조직 알카삼 여단을 필두로 한 팔레스타인 무장단체들이 이스라엘을 기습 공격한 작전이다. 이 공격으로 이스라엘 희생자 수는 1,400명에 달했고, 이 중 수백 명이 민간인이었다. 이에 심각한 충격을 받은 이스라

엘 국민은 벤야민 네타냐후 총리에게 재앙의 책임을 돌렸고, 이스라엘은 '철검' 보복작전으로 즉각 대응했다. 이스라엘의 대규모 공중폭격으로 민간인 포함 사상자 4,500명이 발생하면서, 둘의 관계는 돌아올 수 없는 강을 건넜다.

하마스와 그의 동맹들은 '고립지역(enclave)' 주민들이 이처럼 처참한 보복을 당할 것을 충분히 예상할 수 있었음에도, 왜 공격을 감행한 걸까? 소피 포미에 연구원은 이스라엘과 이집트가 2007년부터 가자지구를 봉쇄한 것에 대한 이슬람주의 정파의 반격이라 분석했다.(3)

출처 : UN 인도주의 업무조정국, 르몽드, AFP

점령에서 분리로

1920-1948

레바논
시리아
하이파
지중해
나블루스
텔아비브
야파
암만
예리코
예루살렘
가자
팔레스타인
사해
베르셰바
트란스요르단
네게브 사막

이집트

영국 지배하의
팔레스타인

1947년 UN의 분리계획
유대인 국가
아랍 국가
국제지대

50 km
에일라트

1948-1967

레바논
시리아
하이파
나블루스
텔아비브
서요르단
암만
예리코
이스라엘
예루살렘
가자
사해
가자
베르셰바
요르단
네게브 사막

이집트

유대인 국가
1948~1949년
이스라엘에 의해 점령된 지역
요르단 점령지역(서요르단),
이집트 점령지역(가자)

50 km
에일라트

한편, 하마스 정치국장은 다른 이유를 제시했다.(4)

이스라엘 점령군의 '포그롬'…
팔레스타인 SNS에 종말론 확산

이스라엘의 팔레스타인 강점 및 식민화 정책 강화, 알아크사 모스크에서의 마찰 증가, 이타마르 벤그비르 이스라엘 국가 안보 장관의 끝없는 도발과 팔레스타인 죄수 6,000명에 대한 통제 강화 등이 바로 그것이다. 지난 2월 26일, 서안지구 부근 후와라 팔레스타인 마을에서 이스라엘 정착민이 폭력사태를 벌이자, 수많은 팔레스타인 주민들은 네타냐후 극우 정권이 드디어 자신들을 이 땅에서 추방하려고 강경책을 쓰기 시작했다고 생각했다.

베잘렐 스모트리치 이스라엘 재무장관은 "후와라를 쓸어버려야 한다"고 말한 반면, 서안지구 주둔군을 지휘하는 예후다 푹스 이스라엘 사령관은 이 폭력사태를 팔레스타인에 대한 '포그롬(특정 민족에 대한 박해-역자)'이라 주장했다. 이 사건 이후, 팔레스타인 SNS에 종말론이 확산됐다. 그리고 이스라엘이 팔레스타인 인구를 압도하기 위해 정착민 200만 명을 서안지구에 이주시키려 한다는 소문이 퍼졌다.

하마스는 공습 이후 팔레스타인 저항의 주도자임을 자처하고 있다. 반면 팔레스타인 당국은 안보 및 치안 유지 명목으로 이스라엘의 보조자로 전락한 지 오래다. 10월 17일 알아흘리 아라비 병원 폭격 이후 제닌과 라말라에서 마흐무드 압바스 팔레스타인 자치정부 수반(87)에 대한 퇴진 시위가 열렸는데, 이때 시위대에게 발포를 허가한 그의 결정도 하마스의 정치적 우위를 공고히 하는데 일조했다. 또한 하마스는 어떠한 외교적 책략도 팔레스타인 문제의 핵심을 저해하지 못한다는 것을 전 세계에 증명했다고 주장한다. 지난 몇 년간, 이스라엘과 여러 아랍국(아랍에미리트, 바레인, 모로코, 수단)의 관계 정상화 때문에 팔레스타인의 운명은 뒷전으로 밀렸었다. 이번 가자지구 전쟁 때문에 도널드 트럼프 정권 시절 체결한 2020년 아브라함 협정이 파기될지 아닐지, 또 이스라엘과 사우디아라비아의 대화가 종결될지 아닐지는 아직 모르지만, 한 가지는 확실하다. 이 과정은 중단됐다. 이에 관련된 아랍국들이 아무리 여론에 무관심하더라도, 팔레스타인 대의에 대한 강하고 지속적인 애착까지 무시하지는 못할 것이다. 카타르 월드컵 때 마그레브(서부 아랍국 및 북동 아프리카국가-역자)와 마슈리크(동부 아랍국-역자)의 선수들과 서포터들이 보여준 단결된 모습처럼 말이다.(5)

하마스는 공격 직후 프로파간다를 활용해서 군사적 승리를 강조했다. 철통같다고 알려진 분리장벽 중 30여 곳을 넘어, 전략지(에레즈 검문소, 가자 사단본부 등)를 침투한 것, 병사 수십 명을 포획해 전쟁포로로 끌고 간 것 등이다. 프랑스를 비롯한 서구 언론과 정부는 민간인 살상에 초점을 맞춘 반면, 하마스는 이스라엘 영토에 깊숙이 침투하는 데 성공했다고 떠들어댔다(이에 비해 레바논 헤즈볼라는 단 한 번도 성공하지 못했다). 실로 아랍세계의 귀가 번쩍 뜨일 만한 소식이다. 아랍국들은 미국이 제공한 첨단장비와 항공기로 무장한 이스라엘군의 압도적 우위에, 이미 오래전부터 체념 상태였기 때문이다.

그러나 하마스도 공격으로 인한 결과를 온전히 책임져야 할 것이다. 현재 초토화된 가자지구에는 시체가 즐비하다. 지난 17년간 이미 여섯 번의 전쟁을 겪은 이 황폐한 땅이 어떻게 다시 회복될 수 있을까? 세계의 관심은 가자지구에 쏠려 있지만, 서안지구에서는 이스라엘의 팔레스타인 식민화가 다시금 거세지고 있다. 군대의 비호를 받는 이스라엘 정착민들은 고삐가 풀린 듯, 공포에 질려 운명에 순응한 팔레스타인 주민들을 하루가 멀다 하고 물어뜯고 있다.(6) 특히 외딴 시골 마을의 베두인족이 표적이다. 10월 7~17일, 이스라엘군에 의해 팔레스타인인 58명이 살해됐고, 수백 명이 감옥에 갇혔다.

하마스는 이스라엘 민간인들을 왜 학살했는지 대답해야 한다. 그중 수십 명의 청년은 가자지구 부근의 음악축제를 즐기러 왔을 뿐이다. 하마스는 크파르 아자 키부츠(집단 농장-역자) 주민 학살에 대해서도 답해야 한다. 전쟁범죄에 해당하는 이런 살상 행위는 세계 각지에서 팔레스타인 대의를 지지하는 세력뿐 아니라, 이스라엘의 평화를 추구하는 세력마저 격분하게 만들었다. 예를 들어 전쟁법에 위반되는 민간인 인질 억류 행위는 하마스의 향후 정책과 평화협정 가능성 여부에 의구심을 품게 한다. 좌파를 포함해, 이

1967-1995

레바논
골란고원
(1967년 점령됐다가 1981년 합병된 지역)
하이파
시리아
나블루스
서요르단
텔아비브 •
• 암만
• 예리코
이스라엘
예루살렘
가자
사해
가자
베르셰바
시나이
(1967 ~1982년 점령 지역)
네게브 사막
요르단
이집트
이스라엘의 점령 영토 ▨
50 km
에일라트

1995-2023

레바논
시리아
골란고원
하이파
나블루스
요르단
서요르단
텔아비브 •
• 암만
• 예리코
이스라엘
예루살렘
가자
헤브론
사해
가자
이스라엘이 식민지화한 지역 ▨
베르셰바
네게브 사막
팔레스타인 영토
오슬로 협정 II (1995)
Zone B, 이스라엘-팔레스타인 공동 통치 지역 ▢
Zone A, 팔레스타인 통치 지역 ▢
이집트
가자지구
50 km
2005년 이스라엘 군 철수 후 팔레스타인 관할

제 이스라엘에서 어느 누가 하마스와 대화하려 하겠는 가? 이제는 이스라엘의 복수가 어디까지 갈 것인지가 전쟁의 쟁점 중 하나가 됐다. 몇몇 이스라엘 지도층은 이슬람주의 세력을 멸절하거나(사실상 불가능), 아니면 최소한 가자지구에서 제거해야 한다고 주장한다. 두 번째 주장은 10월 7일 공격 직후 거론된 시나리오다. 이스라엘이 고립지역 남부에 이스라엘 정착촌을 건설하자, 팔레스타인을 이집트 시나이 반도로 이주 또는 추방시키려는 것 아니냐는 의구심이 일었다. 이에 이집트는 자국 영토에 팔레스타인 난민캠프가 들어선다는 언급조차 하길 거부했고, 미국 정부는 또 다른 나크바('대재앙'이란 뜻. 1948년 이스라엘 건국으로 인해 팔레스타인이 추방당한 사건-역자)라며 난색을 표했다.

미국이 이스라엘을 협상석에 앉힐 수 있을까?

이스라엘 네티즌은 소셜네트워크 엑스(옛 트위터)에서 "잔디 깎기에 만족해선 안 된다"라며 분노했다.(7) 이들은 이스라엘이 예전 전쟁과 같은 시나리오를 반복해선 안 된다고 주장한다. 즉, 군사적 대응, 카타르와 이집트를 통한 협상, 고립지역을 관리하며 또 다른 전쟁이 터지기 전까지 하마스와의 불안정한 현상 유지 등으로 이어지는 시나리오는 사절이란 뜻이다. 네타냐후 정부와 이스라엘군의 발표에 의하면, '가자지구의 재구성'을 통해 새로운 당사자에게 열쇠를 넘길 예정이라고 한다. 새로운 당사자는 과연 누구일까? 아직 모른다. 현 단계에서는 이집트와 팔레스타인 자치정부 중 누구도 그 역할을 할 수 있을 것 같지 않다. 네타냐후 총리의 경우, 자신의 권력 유지와 하마스 세력 약화라는 두 가지 가정하에, 하마스처럼 탈식민화 분쟁에 종교적 색채를 입힐 수 있는 유용한 적을 새로이 찾아야 할 것이다. 2019년 3일, 네타냐후 총리는 자신이 이끄는 리쿠드당 회의에서 '팔레스타인 국가 수립에 반대한다면 누구든 우리의 하마스 진압과 자금조달 정책을 지지해야 한다. 그가 이것은 "가자지구의 팔레스타인과 서안지구의 팔레스타인을 서로 떼놓으려는 전략의 일환이다"라고 말하지 않았던

가?(8) 적어도 이 전쟁은 1991년 마드리드 중동평화회담에 버금가는 평화 이니셔티브로 이어져야 할 것이다. 미국이 드물게 이스라엘을 협상테이블에 앉혔던 그 순간처럼 말이다. **LD**

글·아크람 벨카이드 Akram Belkaïd
<르몽드 디플로마티크> 기자

번역·이보미
번역위원

(1) 'How democracy can move forward, with Jake Sullivan and Will Hurd. The Atlantic Festival 2023', 2023년 9월 29일, www.youtube.com에서 콘퍼런스 영상 참조.
(2) <RFI>, 2023년 8월 28.
(3) Sophie Pommier, 'La stratégie à quitte ou double du Hamas 하마스의 건곤일척 전략', <Orient XXI>, 2023년 10월 16, https://orientxxi.info/
(4) Ibid.
(5) 'Coupe du monde de football, un moment palestinien 월드컵, 팔레스타인의 순간', <Orient XXI>, 2022년 12월 8일.
(6) 'En Cisjordanie, la vengeance débridée des colons 서안지구 정착민의 고삐 풀린 복수', <La Croix>, 2023년 10월 16일.
(7) 'Gaza : Tonte de la pelouse' par l'artiste Jaime Scholnick 아티스트 제이미 숄닉의 '가자지구: 잔디 깎기', <The Markaz Review>, 2021년 7월 14일, https://themarkaz.org
(8) Benjamin Barthe, 'Gaza. La fabrique d'une poudrière 가자지구라는 화약고', <르몽드>, 2023년 10월 15일.

이스라엘, 위태로운 통합 정부

이스라엘에서 '비상 통합 정부'를 이끄는 베냐민 네타냐후 총리는 하마스가 공격하면서 드러난 이스라엘 정부의 무능함과 전략 실패에 대해 그 어떤 책임도 지지 않고 있다. 이스라엘의 정치 무대 재편은 전쟁이 끝난 후 조사 위원회가 수립되고 나서야 가능할 것으로 보인다.

마리위스 샤트너 ▎기자

하마스의 공격 이후, 이스라엘 국민은 연대와 상호 지원을 늘리며 서로 더욱 단결해야 할 필요성을 느꼈다. 하지만, 이스라엘 정치 지도자들은 전쟁과 관련된 발표에서만 강경한 모습을 보였고, 최대한 공개 석상에 모습을 드러내지 않으면서 자신의 이미지 관리에 집중했다. 학살에서 살아남은 이들과 인질로 붙잡힌 사람들의 가족들은 자신들을 만나러 온 몇 안 되는 장관, 국회의원, 장교 등에게 매우 적대적인 모습을 보였다. 베냐민 네타냐후 이스라엘 총리는 닷새에 걸쳐, 자신의 주된 라이벌인 국가통합당의 베냐민('베니') 간츠 전 참모총장과 다른 네 명의 국가통합당 정치인들을 합류시킨 통합 정부를 구성했다. 전쟁이 끝나기도 전에 정부의 책임을 묻고, 총리 사퇴까지 요구하고 나선 여론의 압박에 못 이겨 전시 내각을 꾸린 것이다. 우익 신문을 포함한 언론 그리고 거리의 시민들 다수가 하마스의 유혈 공격 이전부터 공격 도중 그리고 그 이후까지 무능한 모습을 여실히 드러낸 네타냐후 정부를 비판했다.

비난의 화살은 하마스의 공격을 사전에 파악하지 못했던 정보기관의 정보수집 실패, 학살 생존자들을 일찌감치 구해내지 못한 군대의 늑장 대응, 침략자들에게 납치당한 수십 명의 인질에 대한 네타냐후 정부의 침묵에 집중되었다. 또한, 수많은 국민에게 도움이 필요한 특수한 시기임에도 정부 부처들은 평소와 다름없는 근무 시간을 유지하고, 안식일 휴무를 지키는 등 일상을 지속하는 상황을 이스라엘 국민 대다수가 받아들이지 못했다. 결국, 이스라엘 국민이 정부 대신 나서서 학살 피해를 본 가족들을 돕고 위로했다.

책임을 이스라엘군에 떠넘긴 네타냐후 총리실

가장 많은 비판을 받는 사람은 네타냐후 총리다. 총리는 비리 혐의로 기소된 후, 사법부의 권한을 제한하려고 사법 개혁에 몰두한 나머지 참사를 예견하지 못했다는 막대한 책임이 있다. 최근 이스라엘 사회가 분열되기 시작한 것도 이 사법 개혁 계획 때문이다. 지난 1월부터 매주 토요일 수만 명의 시민이 시위를 벌였고, 예비군은 부대 합류를 거부했다. 네타냐후 총리는 하마스가 감히 이스라엘의 군사력에 도전하지 않을 것이며 이스라엘의 서안지구 군사통제를 신경 쓰지 않고 가자지구에서 권력을 유지하는 데 만족할 것이라는 잘못된 확신을 가진 점에 대해서도 비난받았다.

하마스의 공격 며칠 후, 이스라엘군 사령부만이 팔레스타인 특수 부대가 군사 시설을 공격하고 민간인 학살을 저지르기 위해 이스라엘 영토에 침입한 것을 막지 못했다는 사실을 인정했다. 10월 12일 이스라엘 남부에서 헤르지 할레비 이스라엘 방위군 참모총장은 이렇게 발표했다. "이스라엘 방위군은 국가와 시민을 지켜야 할 의무가 있다. 토요일 아침, 가자지구 주변 지역에서 우리의 임무 수행 능력은 기대에 미치지 못했다. 이번 일을 반면교사로 삼고, 조사를 시행할 것이다. 하지만 지금은

<담장과 해 #2> 2021 - 야잔 아부 살라메

전쟁을 해야 할 때다."

  그러나 본 기사를 작성하고 있는 이 순간까지도, 네
타냐후 총리는 1948년 이후 처음으로 이스라엘 땅에 대
한 공격을 가능하게 만든 정부의 무능력을 설명하지 않
고 있다. 오히려 총리실에서는 네타냐후 총리가 하마스
의 공격에 대해 늦게까지 통보받지 못했다고 강조하며
책임을 이스라엘군에 떠넘겼다.

전쟁으로 국내 실정을 감추려는 네타냐후

  10월 13일 국회에서 '비상 통합 정부' 구성 및 임시
전쟁 위원회 창설에 관한 투표가 이루어진 날, 상황의 심
각성에 동요한 듯한 모습의 네타냐후 총리는 검은 옷을
입고 나와 연설했다. 총리는 민간인들과 군인들이 보여
준 용기를 칭찬하고, "국민과 지도부는 하나"라고 선언

하며, 하마스의 학살을 홀로코스트의 참상과 연결지었고, 하마스를 이슬람국가조직(ISIS)과 동일시했으며, 하마스와의 전쟁은 팔레스타인의 과격 이슬람주의 조직에 대한 전쟁은 그들의 전멸로 끝날 것이라고 장담했다.

다음날, 이스라엘 최대 발행 부수를 자랑하는 신문 〈예디오트 아하로노트〉는 논평을 통해 "총리의 연설은 부족한 게 없었다. 책임을 지는 말, 사과의 말 한마디가 없었을 뿐이다. 총리는 자신이 공격과 무관한 것처럼 말했는데, 실제로 총리는 공격에 대한 책임을 질 생각이 없는 듯하다"라고 전했다.

통합 정부 도입 발표 직전에 진행된 여론조사 두 건에 따르면, 이스라엘의 우파 정당인 리쿠드당을 이끄는 네타냐후의 인기는 몇 달간 하향 곡선을 그리다가 최근 추락했다. 영자 일간지 〈예루살렘 포스트〉가 유대인 국민을 대상으로 진행한 여론조사에서, 응답자 가운데 86%가 '국정 운영 방향'에 문제가 있다고 대답했고, 56%는 총리가 이스라엘의 보복 작전 '철검'이 끝나는 대로 총리직에서 물러나야 한다고 평가했다. 우파 일간지 〈마리브(Maariv)〉의 조사에서는, 총선이 치러질 경우, 집권 여당인 리쿠드당의 의석수는 32석에서 18석으로 줄어들 것이고, 현재 국회에서 12석을 차지하고 있는 간츠 전 참모총장의 정당은 41석을 확보해 현 야당이 120석 중에 78석을 차지하게 될 것으로 예측했다.

"진정한 국가 통합 정부를 찾을 수 없다"

현재 모든 이목이 가자지구에서 벌어지는 전쟁에 쏠려있지만, 네타냐후 총리의 미래가 불투명하다는 점은 부인할 수 없다. 아직 아무것도 결정되지 않았지만 말이다. 하마스의 공격이 일으킨 충격이 엄청나지만, 이스라엘 정치계는 여전히 분열된 상태다. 중도파 정당인 예시 아티드의 대표 야이르 라피드 의원은, 통합 내각에서 "진정한 국가 통합 정부"를 찾을 수 없다고 말했다. 간츠, 가디 아이젠코트 전 참모총장이 네타

과잉 군사화된 국가

군사비용
(2022년 기준, 국민 1인당, 달러)

이스라엘	2 623
사우디아라비아	2 093
튀르키예	124
이란	80
이집트	44

백만,
2021년 고정달러

출처 : Sipri, Military Expenditure Database, 2023.

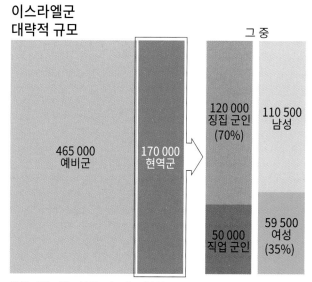

이스라엘군
대략적 규모

그 중

465 000
예비군

170 000
현역군

120 000
징집 군인
(70%)

50 000
직업 군인

110 500
남성

59 500
여성
(35%)

출처 : CIA, « World Factbook », 2023.

매우 불균형한 죽음의 결산

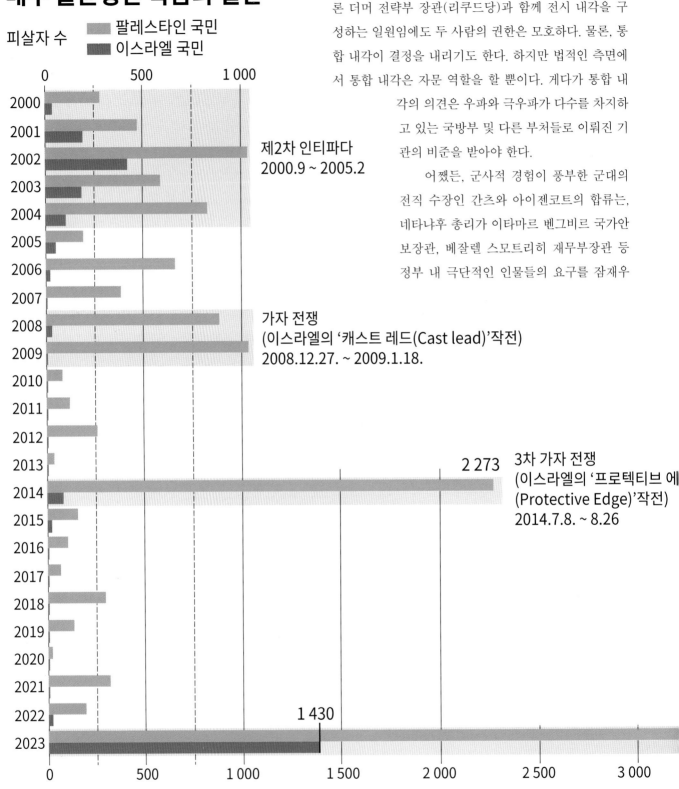

피살자 수

■ 팔레스타인 국민
■ 이스라엘 국민

제2차 인티파다
2000.9 ~ 2005.2

가자 전쟁
(이스라엘의 '캐스트 레드(Cast lead)'작전)
2008.12.27. ~ 2009.1.18.

2 273
3차 가자 전쟁
(이스라엘의 '프로텍티브 에
(Protective Edge)'작전)
2014.7.8. ~ 8.26

1 430

1) 10.23 임시 집계: 10월 7일 이전 피살자 수, 팔레스타인 225명, 이스라엘 28명.
출처 : B'Tselem, The Israeli Information Center for Human Rights in the Occupied Territories, 2023, <르몽드> 2023.10.23

냐후 총리와 요아브 갈란트 국방장관(리쿠드당) 그리고 론 더머 전략부 장관(리쿠드당)과 함께 전시 내각을 구성하는 일원임에도 두 사람의 권한은 모호하다. 물론, 통합 내각이 결정을 내리기도 한다. 하지만 법적인 측면에서 통합 내각은 자문 역할을 할 뿐이다. 게다가 통합 내각의 의견은 우파와 극우파가 다수를 차지하고 있는 국방부 및 다른 부처들로 이뤄진 기관의 비준을 받아야 한다.

어쨌든, 군사적 경험이 풍부한 군대의 전직 수장인 간츠와 아이젠코트의 합류는, 네타냐후 총리가 이타마르 벤그비르 국가안보장관, 베잘렐 스모트리히 재무부장관 등 정부 내 극단적인 인물들의 요구를 잠재우

<신성한 땅> 2021 - 야잔 아부 살라메

는 데 도움이 된다. 군 복무를 하지 않은 몇몇 장관들을 포함해 대부분의 장관은 군사 경험이 부족하기 때문이다. 더불어 이들의 합류는 이스라엘 정부의 이미지를 국내외에서 보다 온건하게 만드는 데에도 이바지할 수 있다.

그러나 이 통합 정부가 이스라엘을 승리로 이끌 수 있을지는 두고 볼 일이다. 분명한 것은 군에게 주어진 목표가 국민에게 한 약속보다 훨씬 소박하다는 사실이다. 이스라엘군의 목표는 하마스를 뿌리 뽑는 것이 아니라, 하마스의 무장세력을 파괴하는 것이다. 물론, 유일한 이 목표를 달성하는 데에도 시간이 필요하다. 하지만 이스라엘에게 주어진 시간은 그리 많지 않다. 이스라엘의 군사적 대응이 세계 여론에 미치는 영향 때문이다. 그러나

이 시간을 통해 네타냐후 총리는 정치적으로 숨통을 틔울 수 있다.

한편, 하마스를 소멸시키고 말겠다는 네타냐후 총리의 의지는 이스라엘 내에서 큰 지지를 얻고 있다. 여기에는 가자지구 근처에 거주하는 수십만 이스라엘인이 가진 복수심과 하마스의 재공격 가능성에 대한 두려움이 섞여 있다. ID

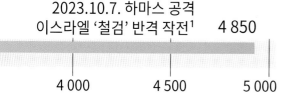

2023.10.7. 하마스 공격
이스라엘 '철검' 반격 작전[1]   4 850

500   4 000   4 500   5 000

글·마리위스 샤트너 Marius Schattner
이스라엘 문제 전문기자. 예루살렘에 거주하며 1979~1981년 <리베라시옹>, 1991년부터는 프랑스의 <AFP> 특파원으로 이스라엘 및 중동 기사를 쓰고 있다.

번역·김자연
번역위원

지역 분쟁의 스펙트럼

아크람 벨카이드 ▐ 〈르몽드 디플로마티크〉 기자

하마스가 이스라엘을 공격한 배후에 이란이 있을까? 〈월스트리트저널〉은 이란이 '알아사크 홍수' 작전(이슬람 성지중에서 하나인 예루살렘 알 아사크 사원에 이스라엘군이 폭력적인 시위대 체포작전을 벌이자,

하마스는 보복전에 이 사원의 이름을 작전명으로 정함-역주)에 청신호를 줬다고 익명의 하마스와 헤즈볼라 제보자를 인용해 10월 8일 보도했다.

이란 지도층은 모든 것을 부인하면서도 하마스의

팔레스타인, UN 비회원 옵서버 국가

팔레스타인은 2012년 11월 29일 유엔총회에서 **비회원 옵서버 국가**로 인정받았으며, 1967년 이스라엘의 점령지역에 대해 **팔레스타인의 자치권과 독립권**을 확인받았다.

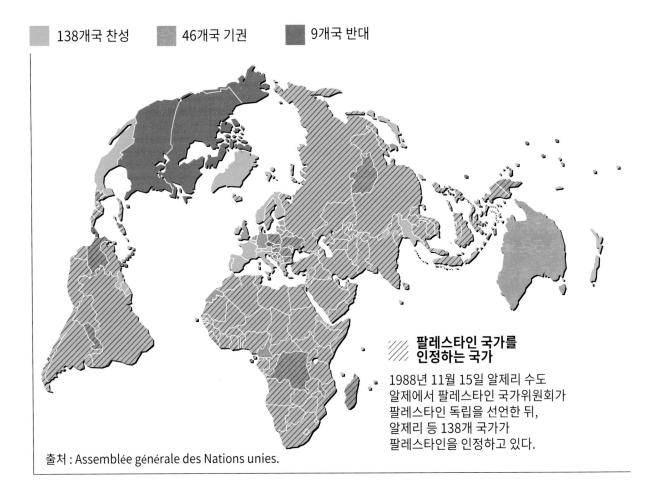

138개국 찬성   46개국 기권   9개국 반대

팔레스타인 국가를 인정하는 국가

1988년 11월 15일 알제리 수도 알제에서 팔레스타인 국가위원회가 팔레스타인 독립을 선언한 뒤, 알제리 등 138개 국가가 팔레스타인을 인정하고 있다.

출처 : Assemblée générale des Nations unies.

공습을 반기며 '지속적인 저항'을 촉구했다. 미국에서는 여러 민주당, 공화당 의원이 이란을 추가 제재하자고 제안했다. 여기서 한 가지 의문이 제기된다. 이란이 이번 공습의 배후라면, 친이란 무장 정파 헤즈볼라는 왜 하마스와 함께 참전하지 않았을까? (이란에 우호적인) 레바논 정파 지도층이 즐겨 말하는 '전선의 단결', '연대 저항'이라는 명목하에 말이다. 그랬다면 미국이 '예방' 차원에서 보낸 제럴드포드 항공모함이 이스라엘 연안에 도착하기 전에, 이스라엘군을 무너뜨리는데 크게 기여했을 것이다.

이란이 공습계획을 이미 알고 있었다면, 다음의 두 가설을 검토해야 한다. 첫째, 이란은 공격 개시일 등의 세부사항을 몰랐을 것이다. 여러 아랍 분석가는 이 시나리오를 지지한다.(1) 즉, 하마스가 동맹국들에게 알리지 않고 홀로 공격 결정을 내렸다는 것이다. 이 대목에서 카타르에 망명 중인 하마스 정치국 간부들과 이란에게 알리지 않겠다는 결정을 내린 장본인이 모하메드 데이프 사령관이라는 점이 중요하다. 이는 정보유출을 막는 동시에 외부 리더보다 내부 리더에게 우선권이 있음을 확실시하는 수법이다.

둘째, 이란은 헤즈볼라가 공격에 가담하길 바라지 않았다는 가설이다. 다른 건을 대비해 남겨둔 것이다.

10월 7일 하마스의 공격에 대한 국제사회의 반응

10월 7일에서 22일 사이에 확인된 공식 반응

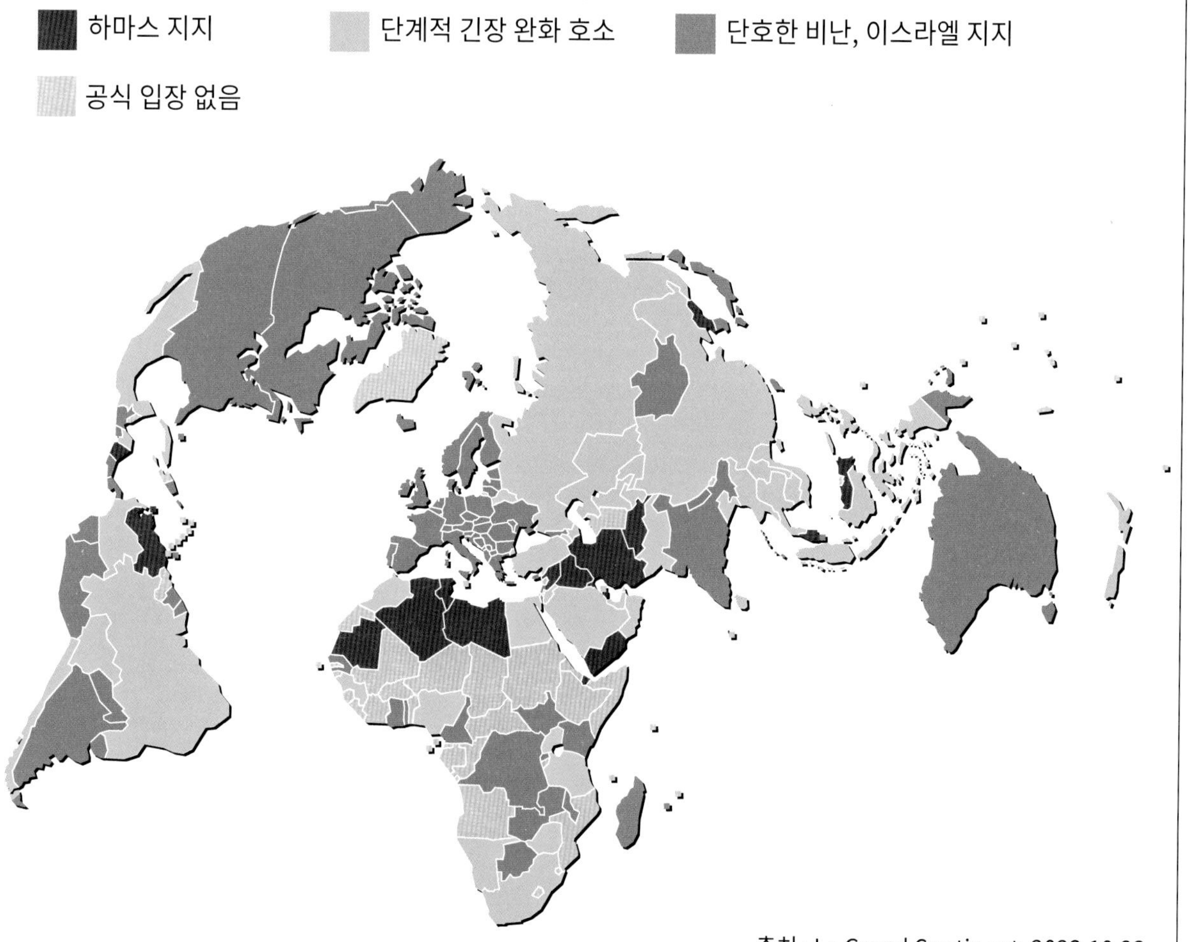

■ 하마스 지지　　　■ 단계적 긴장 완화 호소　　　■ 단호한 비난, 이스라엘 지지

■ 공식 입장 없음

출처 : Le Grand Continent, 2023.10.23.

'물라(Mullah, 이슬람 율법학자-역자)의 나라'를 위해, 헤즈볼라는 이스라엘의 이란 핵시설 공격을 무산시킬 소중한 자산이므로, 사소한 일에 쓸 수 없었을 것이다. 이란은 오래전부터 헤즈볼라를 외부 전쟁에 보내길 주저했다. 시리아 내전 당시 이란이 바사르 알아사드 정권을 지원했을 때도 그랬다. 헤즈볼라가 이스라엘 북부 전선에서 저강도 분쟁을 유지하는 까닭은, 이스라엘이 항시 헤즈볼라의 존재를 염두에 둬야 함을 상기시키는 것이 목적이기 때문이다. 헤즈볼라는 2006년 이스라엘과 치른 '33일 전쟁'의 승리자를 자처하고 있으며, 이후 군사력도 크게 강화됐다. 헤즈볼라 간부층은 이스라엘 공군력의 우위를 인정하면서도, 지상전에서만큼은 자신감을 갖고 있다.

공격 일주일 후, 이란 최고지도자 아야톨라 알리 하메네이는 이스라엘이 계속해서 가자지구를 폭격하면 무력으로 대응하겠다고 경고했다. 그는 "시온주의 정권의 범죄가 지속된다면, 무슬림과 저항군은 더는 참지 않을 것이고 아무도 막지 못할 것"이라고 10월 17일 목소리를 높였다. 한편 호세인 아미르 압돌라히안 이란 외무장관은 미국과 이스라엘에게 중동의 상황이 '통제 불능' 상태가 될 수 있다고 경고했다. 즉, 이란은 헤즈볼라와 그의 지원세력이 이스라엘을 공격하는 것을 막지 못할 것이라는 말이다. 10월 19일 목요일, 홍해에서 작전 중이던 미 해군 구축함은 친이란 후티 반군이 예멘에서 발사한 미사일과 드론을 요격했다. 미국에 따르면, 이 장거리 미사일은 북쪽을 향해 발사됐으며 이스라엘 영토에 도달할 수 있었다. 이란 언론은 레바논, 예멘, 시리아, 이라크의 모든 시아파 무장 정파에게 힘을 모아 이스라엘에 대항할 것을 매일 같이 촉구하고 있다. 중동전쟁의 위험이 현실화된 것이다.

아시아에서 들려오는 불협화음

2023년 8월 24일, 브릭스(브라질, 러시아, 인도, 중국, 남아프리카공화국의 약자) 정상회의에서 발표한 최종성명서에는 일종의 전조 같은 경고가 담겨있었다. "우리는 이스라엘의 점령과 불법 정착촌 확대로 인해 폭력적인 상황이 심각해지고 있는 팔레스타인 영토 내 비참한 인도주의적 상황에 대해 깊은 우려를 표한다. 우리는 국제법에 근거한 직접 협상을 지원할 것을 국제 사회에 촉구한다(...)." 국제회의 성명서에서 위와 같은 호소가 나온 것은 오랜만이었다.

아시아에서는 유일하게 말레이시아와 북한만 공개적으로 하마스를 지지하고 있다. 다른 국가들은 모두 민간인을 대상으로 저지른 행위를 비난하고 있고, 극히 일부만 이스라엘에 대해 무조건적인 지지를 표명하고 있다. 나렌드라 모디 총리가 이끄는 인도의 경우가 이에 해당한다. 모디 총리는 친이스라엘 성향을 보이며 자국 내 반무슬림정책을 추진하고 있다. 하지만 다른 국가 지도자들은 대부분 가자지구에 대한 보복과 폭격을 거부할 것을 촉구하고 있다.[1] 예를 들어 일본은 양측의 희생자들에 대해 안타까움을 표하면서도, 서방동맹국임에도 불구하고 "미국과 영국, 프랑스, 독일, 이탈리아와 함께, 이스라엘에 대한 합동지원을 약속하는 공동성명을 발표(10월 9일)"하기를 거부했다.[2] 중국은 먼저 "긴장과 폭력이 고조되는 상황"을 비판한 후 "민간인을 대상으로 한 행위"를 비난하며 "분쟁을 악화시키고 해당 지역을 불안정하게 하는 조치에 반대한다"고 발표했다. 사우디아라비아와 이란을 화해시키기 위해 노력해 온 중국은 그간의 노력이 물거품이 될 것을 우려하며 "이스라엘과 팔레스타인 간 분쟁이 해결되지 않는 한, 중동에서 화해의 물결은 지속되지 않을 것"이라고 지적했다. 이스라엘에 약 3만 명의 자국민이 근무하고 있는 태국은 이번 하마스 공격으로 30명이 사망하고 17명이 인질로 붙잡혔다며 "폭력적인 상황이 종식되기"만을 바란다고 발표했다. ⓛⓓ

번역·이연주
번역위원

(1) Antoine Bondaz, 'Israël et le Hamas en Asie : alignement indopacifique en question face à la guerre de Soukkot 아시아에서 본 이스라엘과 하마스: 수코트 전쟁에 대한 인도양·태평양 해역의 동조', <Le Grand Continent>, 2023년 10월 21일.
(2) Koya Jibiki, Rimi Inomata, Ryo Nemoto, 'Japan tries for balanced diplomatic response to Israel-Hamas war', <Nikkei Asia>, 2023년 10월 11일.

이스라엘 정부는 북부 전선에서 2차 격돌이 발생할 위험을 감지하고, 국경 부근 주민들을 대피시켰으며 헤즈볼라와 이란에 대한 경계수위를 높였다. 습관적이던 소규모 교전은 날이 갈수록 심해졌고, 교전의 강도와 반복적 성격은 2006년 전쟁으로 치달은 전초전을 떠올리게 했다. 헤즈볼라는 진정 이스라엘과 전쟁을 치를 작정일까? 그렇다면, 미군 241명과 프랑스군 58명이 사망한 베이루트 테러 사건으로 미 해병대가 레바논 해안을 폭격한 지 40년이 흐른 지금, 또 다른 미군의 반격을 감수해야 할 것이다. 하마스가 이스라엘을 공격한 후 나타난 첫 번째 여파도 미 해군의 이스라엘 귀환이었다. **LD**

글·아크람 벨카이드 Akram Belkaïd
<르몽드 디플로마티크> 기자

번역·이보미
번역위원

(1) <Al-Jazira>, 10월 9일.

제동 걸린 사우디-이스라엘 관계 정상화

수개월 전부터 미국 국무부는 사우디아라비아와 이스라엘 간의 관계 개선을 위해 총력을 기울여 왔다. 그러나 이스라엘과 팔레스타인이 전쟁에 돌입하면서 이러한 미국의 노력은 물거품이 돼 버렸다. 그 와중에 중동 지역과 전 세계에서 자국의 영향력을 확대하기 위해 다양한 활동을 벌이고 있는 사우디아라비아의 왕세자 무함마드 빈 살만의 국제적인 위상만 나날이 높아지고 있다.

하스니 아비디 ▌정치학자
앙젤리크 무니에쿤 ▌제네바 Cernam(아랍지중해연구센터)의 대표

"사우디아라비아는 가자지구 봉쇄 장기화, 팔레스타인인들에 대한 법적인 권리 박탈, 종교적 가치에 반하는 언행 등으로 팔레스타인의 불만이 곧 폭발할지도 모른다는 경고를 이스라엘에게 지속적으로 해왔다." 10월 7일 이슬람 무장 단체 하마스가 이스라엘을 공격하고 몇 시간이 지난 뒤에 발표된 사우디아라비아 외교부의 보도자료는, "양 측의 갈등이 조속히 해결"되기를 촉구하는 동시에 팔레스타인을 향한 지지 의사를 명확히 밝히고 있었다.

그래도 가자지구의 이슬람 단체를 오랫동안 재정적으로 지원해 온 카타르에 비하면, 사우디아라비아가 선택한 어조는 그나마 온건한 편이었다. 카타르는 이번 전쟁이 일어나자마자 "팔레스타인인들의 권리를 침해하면서 현재의 갈등이 일어나게 한 주범은 바로 이스라엘"이라고 지적했기 때문이다. 그러나 사우디아라비아의 반응은 아랍에미리트의 반응과는 뚜렷이 구분된다. 아랍에미리트는 하마스가 "가자지구 인근에 위치한 이스라엘 도시와 마을을 공격한 것"을 강력하게 비난하면서, "민간인 납치는 경악스럽다"라고까지 평했다.

중동역사의 새로운 장, 물거품 되나?

이스라엘과 하마스가 전쟁에 돌입하면서, 사우디아라비아와 미국이 몇 주 전부터 꿈꿔온 중동 역사의 새로운 장을 열겠다는 계획은 물거품이 됐다. 사우디아라비아와 미국은 조 바이든의 임기 초반 몇 개월 동안 서로 삐걱대던 시기가 있었고, 그 뒤에 사우디아라비아가 유가 급등에도 불구하고 감산을 결정한 데 대해 미국이 불만을 품으면서 또다시 냉랭한 시기가 찾아왔지만, 올해 4월부터는 그 어느 때보다 뜨거운 외교 관계를 유지하고 있었다. 미국과 이스라엘 간에도 비슷한 기류가 흘렀다. 그렇다면 이 3개국 간의 교류가 증가한 이유는 무엇이었을까? 바로 사우디아라비아와 이스라엘 간의 관계가 '정상화'되었기 때문이었다. 사우디아라비아와 이스라엘의 불화라는 '장애물'이 제거되자, 1948년부터 불안이 만연하던 중동 지역에 비로소 협력의 시기가 도래할 것이라는 기대감이 커졌다.

일부 평론가들은 하마스의 공격을 사우디아라비아와 이스라엘 간의 화해를 막으려는 시도로 성급하게 해석하기도 했지만, 이는 설득력을 갖기에는 지나치게 단순한 추측이다. 그러나 이번 갈등이 사우디아라비아, 미국, 이스라엘이 최근 몇 개월 동안 유지해오던 좋은 관계에 찬물을 끼얹은 것만은 분명하다. 여름 내내 삼자 간의 대화를 진전시키기 위해 총력을 기울였던 미국 행정부는, 전쟁과 상관없이 이 대화가 계속되기를 희망한다는 의사를 내비쳤다.

<시멘트 칠> 2023 - 야잔 아부 살라메

그러나 가자지구가 이스라엘의 보복 공격을 받고 있고, 팔레스타인인들을 지지하는 시위가 아랍 세계와 그 외 지역에까지 확산하는 상황에서, 사우디아라비아는 미국 및 이스라엘과의 대화를 이어가고 싶다는 속내를 드러내기가 어려웠을 것이다. 10월 14일 토요일에 사우디아라비아 측 두 명은, 비록 정부가 공식 발표는 하지 않았지만 사우디아라비아와 미국 간의 대화는 현재 중단된 상태라고 로이터 통신을 통해 은밀하게 전했다. 같은 주말에 미국의 안토니 블링컨 국무장관은 전쟁 위협에 놓인 중동 지역을 미국이 지지하고 있다는 확신을 주기 위해, 중동을 순방하던 중에 사우디아라비아의 수도인 리야드를 두 차례나 방문했다.

이집트(1979년), 요르단(1994년), 모리타니(1999년과 2010년), 그리고 아브라함 협정(2020년)에 서명한 바레인, 아랍에미리트, 모로코, 수단을 제외한 대부분의 아랍 이슬람 국가들과 마찬가지로 사우디아라비아는 사실 이스라엘의 존재를 단 한 번도 인정한 적이 없다.(1) 그러나 최근 들어 외교 협상이 집중적으로 이루어지고 또한 각국의 정상들이 긍정적인 발언을 내놓으면서, 지금 당장은 아닐지라도 조만간 평화의 시기가 찾아오리라는 희망이 생겼다. "냉전 이후 가장 중요한 협정"인 아브라함 협정 덕분에 "중동 국가들은 매일 조금씩 더 가까워지고 있다"고 지난 9월 20일에 사우디아라비아의 총리 무함마드 빈 살만(MBS)은 말했다. 2017년에 차기 왕위 계승자로 지명된 이후 처음으로 미국의 뉴스 채널 〈폭스 뉴스〉와 가진 영어 인터뷰에서였다.

바이든, 내년 대선 앞두고 중동 외교에 조바심

그로부터 2일 뒤에 뉴욕에서 열린 UN 총회에서, 베냐민 네타냐후 이스라엘 총리는 이스라엘과 사우디아라비아의 관계가 "놀라운 진전을 앞두고 있다"고 발표했다. 그는 "이스라엘과 사우디아라비아 간의 평화가 새로운 중동을 탄생시킬 것"이라면서, "갈등과 혼란의 영토가 번영과 평화의 장으로" 거듭나리라고 예측했다. 9월 29일, 존 커비 미국 국가안전보장회의 전략소통조정관은 기자들에게 "각국은 '기본 구조'의 구상을 이미 끝냈다"고 말했다.

미국 언론은 미국, 이스라엘, 사우디아라비아 간의 관계 개선이 갖는 의미와, 특히 이스라엘과의 관계 회복을 위해 사우디아라비아가 미국 측에 제시한 조건에 관해 호들갑을 떨었다. 그도 그럴 것이 이러한 상황은 미국, 이스라엘, 사우디아라비아에게 모두 이익이지만, 그 중에서도 미국에게 특히 중요하기 때문이다. 2024년에 대선을 앞둔 바이든 행정부는 이러한 외교 정책을 엄청난 외교적 성과로 포장할 필요가 있다.

설사 사우디아라비아가 모든 이슬람 국가들과의 관계를 정상화하지 않는다고 하더라도, 미국으로서는 사우디아라비아가 이스라엘의 존재를 인정하는 것만으로도 도널드 트럼프 때의 아브라함 협정보다 중동 지역에서 훨씬 더 중요한 성과를 이루어낸 셈이 된다. 이는 2023년 3월에 이란과 사우디아라비아 간의 중재자 역할을 자처하면서 중동 지역에 대한 야심을 조금씩 드러내고 있는 중국을 견제하는 한편, 중동 지역에서 미국의 영향력이 여전히 건재함을 재확인하는데 반드시 필요한 작업이다.

다음 대선 이전에 관계 정상화를 마무리 지으려는 미국의 조급함과 외교적 압박으로 인해 악동 '빈 살만(MBS)'의 위치는 핵심적 교섭 상대로 격상됐고, 사우디아라비아의 요구 조건은 더욱더 많아졌다. 예멘 전쟁, 언론인 자말 카슈지크 암살 등 과거 국제 사회에서 저지른 실수에서 교훈을 얻은 것으로 보이는 빈 살만은, 이제 젊고 열정 넘치는 조언자들 대신 사우디아라비아 정계를 잘 아는 노련한 정치인들을 주변에 두었다.

사우디 빈 살만이 제시한 4가지 협상조건

그중 한 명인 무사이드 알 아이반 국방 자문관은 과거 이란과의 관계 회복에서 핵심적인 역할을 한 인물이다. 빈 살만은 사우디아라비아를 정치적인 측면과 경제적인 측면 모두에서 세계 최고의 강대국으로 만들기 위해 가능한 수단과 방법을 총동원하고 있다. 이란과의 관계 개선뿐만 아니라 예멘 내전 문제를 해결하기 위해 노력하고, 수단 내전의 중재를 시도하고, 7천억 달러 규모의 사우디아라비아 국부펀드(PIF)를 다양한 분야에 투자하고 있다.

빈 살만은 애초부터 아브라함 협정에 중도 승차할 생각이 없었다. 다만 자신의 야심에 걸맞은 새로운 판을 짜서 이스라엘과의 관계를 정상화하기를 원했다. 이스라엘과 하마스 간의 전쟁이 일어나기 전에 사우디아라비아는 미국과의 협상 테이블에서 크게 네 개의 조건들을 제시했지만, 미국은 그 전부를 수용할 수는 없었다. 사우디아라비아의 첫 번째 요구 사항은 자국의 우라늄을 농축해 민간 핵 프로그램을 개발하는 일을 미국이 지원해달라는 것이었다. 세계 2위의 산유국인 사우디아라비아가 에너지 전환을 이루기 위해 꼭 필요한 일이라는 논리였다. 또한 사우디아라비아는 북대서양조약기구(NATO)에 준하는 상호 방위 조약을 미국과 체결하기를 희망했고, 우크라이나 전쟁으로 호황기를 맞은 미국 군수산업에서 생산된 첨단 군사 장비를 거의 무제한으로 공급받기를 요구하기도 했다.

빈 살만은 〈폭스 뉴스〉와의 인터뷰에서, "팔레스타인인들의 삶을 개선하기" 위해서는 이스라엘 측의 양보가 필요하다고 말했다. 이러한 몇 마디 단어들로 보았을 때 '거래식 외교'의 추종자인 빈 살만은 현재 팔레스타인인들의 요구 사항을, 요르단강 서안 지구에 수백만 달러의 오일머니를 투자하고 그 대가로 팔레스타인인들의 통행 조건 완화와 주민들의 노동 허가서 발급을 골자로 하는 경제 지원 프로젝트를 통해 해결할 수 있다고 믿는 것 같다. 그러나 이는 제2차 인티파다가 한창일 2002년에 사우디아라비아의 압둘라 국왕이 베이루트에서 열린 아랍연맹 정상회의에서 제안했던 '아랍 평화안'과는 전혀 다르다. 이 평화안의 기반은 '영토-평화 교환 원칙'으로, 이스라엘이 1967년부터 점령해 온 영토에서 완전히 철수하고 그곳에 팔레스타인 독립 국가가 건설된다면 이스라엘과의 "관계를 정상화하겠다"라는 내용이었다.

메가딜 원하는 미국, 여유부리는 사우디

사실, 지금은 고인이 된 국왕의 이 제안이 사우디아라비아의 공식적인 입장이라고 할 수 있다. 이스라엘과 하마스 간의 전쟁이 발발한 직후에 사우디아라비아 외교부는 "아랍 평화안에 근거해 평화를 진전시키겠다"라고 발표했다. 초반에는 소심한 입장을 보였던 빈 살만도 10월 20일에 "팔레스타인 국가 건설에 필요한 조건을 마련하는 것"의 중요성을 강조했다. 한편 이번 갈등을 계기로, 인권 문제에 관한 논란에도 명성에 전혀 타격을 받지 않은 사우디아라비아의 왕세자 빈 살만의 국제적인 입지는 더욱더 올라가고 있다. 국제앰네스티에 따르면, 사우디아라비아의 사형 집행 건수는 2022년에 196건으로 2020년보다 7배나 증가했다. 또한 2023년 1월부터 9월까지 총살당한 사람은 100명이 넘었다. 그러나 이러한 잔인한 현실은 사우디아라비아의 파트너들에게 전혀 영향을 주지 않는 것처럼 보인다. 불과 몇 개월 만에 빈 살만은 사우디아라비아와 이란 간의 갈등을 해결했고, 얼마 전까지만 해도 사우디아라비아를 멀리했던 미국을 자기편으로 만들었으며, 대대로 적대적인 관계였던 이스라엘과 미미하게나마 교류를 시작했다. 9월에는 이스라엘 장관 두 명이 사우디아라비아를 방문했는데, 이는 역사상 전례 없는 일이었다.

38세의 빈 살만은 아직은 세계의 중심이 아닐지 모르지만, 매일 조금씩 게임의 법칙을 터득하면서 세계의 변두리에서 중심 쪽으로 서서히 이동하고 있는 것만은 분명하다. 미국이 원한 '메가딜(mega deal)'에 관해서는 시간이 좀 더 지나 봐야 성사 여부를 알 수 있을 것 같다. 사우디아라비아인들이 흔히 쓰는 표현이 있다. "아직 시간이 있어." **ID**

글·하스니 아비디 Hasni Abidi
정치학자
앙젤리크 무니에쿤 Angélique Mounier-Kuhn
제네바 Cernam(아랍지중해연구센터)의 대표, 『Moyen-Orien. Le temps des incertitudes 중동. 불확실성의 시대』의 저자

번역·김소연
번역위원

(1) Akram Belkaïd 아크람 벨카이드, 'Idylle entre les pays du Golfe et Israël 미국이 왜 아랍 국가들과 이스라엘의 관계 정상화에 나서나?', <르몽드 디플로마티크>프랑스어판 2020년 12월호, 한국어판 2021년 1월호.

새벽부터 줄을 서야 하는 사람들

쿠바 경제난을 악화시킨 화폐 단일화

물자 부족, 상점 앞에 길게 늘어선 줄, 만연한 암시장, 인플레이션. 쿠바 경제는 3년 전부터 극심한 몸살을 앓고 있다. 미국의 금수조치가 코로나19 팬데믹의 충격으로 악화된 현 상황에 구조적 책임이 있다면, 페소를 단일화하는 화폐 개혁은 불난 집에 기름을 부었다. 국민들은 이런 상황에 맞서고 있지만, 해외로 나가는 숫자도 증가하고 있다.

마일리스 카이더 ▮〈르몽드 디플로마티크〉특파원

──────────

쿠바 수도 아바나의 주요 간선도로의 하나인 '카를로스3세'로에서 다툼이 벌어진다. 맞은편 보도에 놓인 스피커에서 레게톤 음악이 끊임없이 쿵쾅대자 갑자기 와자지껄한 환호성이 터져 나온다. 숨 막히는 열기 속에 50여 명의 사람들이 대기 줄에서 자리를 차지하려고 서로 싸우고, 그 틈을 타 은근슬쩍 새치기를 하려는 사람들도 보인다. 무엇 때문이냐고? 이 상점에서 판매 중인 5개들이 소시지가 다 팔리기 전에 사려는 것이다. 수년 전부터 쿠바에서 소시지 구하기는 하늘의 별 따기다.

운동화 한 켤레 값이 월급의 2배

아바나대학 원자력공학과 교수인 미겔은 쿠바 사람들끼리 '페리토'라고 부르는 것을 기다리고 있다. "내 월급은 3,700페소(1)다. 90페소에 이 소시지를 사려면 1~2시간 기다려야 한다. 그게 일상이다." 그가 장바구니를 보여준다. "쌀 500g, 강낭콩 조금, 가지 1개, 오이 1개, 양파 3개, 고추 2개, 라임 3개. 3일분 식량을 968페소에 샀다. 내 월급의 1/4이 넘는다."

고개를 들면 빨간색과 초록색으로 장식된 당당한 건물에 압도된다. 건물에는 대문자 'PLAZA CARLOS III'라고 쓰인 간판이 걸려 있다. 이 쇼핑몰 입구에는 줄을 선 사람들이 보이지 않는다. 어린이 장난감, 향수, 세제, 구두 판매점을 둘러보는 사람들이 드문드문 있다. 최저임금이 약 2,100페소인 쿠바에서 샴푸 1병이 540페소, 세탁 세제 1병이 850페소, 운동화 한 켤레는 무려 4,000페소다.

지난 3년 동안 줄 서기, 물자 부족, 인플레이션은 쿠바인들의 일상을 뒤흔들었다. 미국의 제재가 강화되고, 2010년대 중반까지 쿠바의 중요한 재정적 지원자였던 베네수엘라가 정치적 불안정에 빠졌다. 게다가 코로나 팬데믹까지 겹쳐 만신창이가 된 이 섬나라는 최근 역사상 가장 심각한 위기를 겪고 있다. 주로 관광업에 의존하던 쿠바는 팬데믹이 한창이던 2020년 4월 1일부터 11월 15일까지 국경을 봉쇄할 수밖에 없었다. 결국 국내총생산(GDP)이 11% 추락했다. 관광이 재개되고 2023년 6월 말까지 관광객 160만 명이 쿠바를 다녀갔는데도 경제는 살아날 기미가 보이지 않는다.

2008~2018년 국가평의회 의장(현재의 대통령-역주)을 지낸 라울 카스트로는 오랫동안 통용되던 이중화폐제도를 폐지하겠다고 약속했다. 정부는 라울 카스트로가 공약으로 내건 대대적인 개혁들 중 하나인 화폐 단일화를 단행하기로 결정했다. 경제 위기를 타개하려는 선제적 조치로 보이나, 긍정적 효과는 기대하기 어려울 듯하다. 단일화폐는 2021년 1월 1일부터 시행됐다. 무난한

주유소 앞에서 줄 서 있는 택시기사들. 아바나, 2023 - 알렉산드르 메네기니

상황이었어도 쉽지 않았을 이 조치로 위기가 악화됐다. 단일화폐화는 초기에 미국이 대대적으로 주도한 경제적 혼란에 내부 원인으로 작용했다.

　　1994년부터 쿠바 섬에서는 쿠바페소(CUP)와 태환페소(CUC, 주로 관광업이나 수입품 판매에 사용되며, 가치는 달러당 1페소)가 통용됐다. 태환페소는 소련 붕괴로 야기된 난국에 대처하려는 방안이었으며, 특히 국가 화폐의 평가절하를 완화하고 1993년부터 쿠바에서 통용이 허가된 달러를 흡수하기 위한 것이었다. 그러나 경제학자 카르멜로 메사라고는 "이중화폐는 가격 왜곡을 초래하고 수입을 자극하며 수출을 억제한다"라고 지적한다. 일부 상점과 레스토랑에서는 태환페소만 받는다. 따라서 이 시기에 급여나 팁을 태환페소로 받았던 관광업계 종사자들은 다른 사람들보다 형편이 나았다. 이런 현상이 나타나자 의사, 교수, 엔지니어 등은 택시 운전기사처럼 수입이 좀 더 나은 업종으로 대거 돌아섰다.

화폐 단일화에 대한 환상 빗나가

　　1995~2009년 경제부 장관을 지낸 호세 루이스 로드리게스는 "1997년부터 쿠바 공산당평의회가 화폐 단일화 계획을 세웠다"라고 회고했다. 2020년 12월 10일, 쿠바 정부의 관보는 최종적으로 태환페소 폐지를 발표했다. 2018년 국가평의회 의장에 오른 미겔 디아스카넬은 2020년 "쿠바가 준비 중인 화폐 단일화가 경제를 안정시키는 데 도움이 될 것"이라고 장담했으나, 결과는 처음부터 빗나갔다. 화폐 단일화는 국가 화폐를 공식적으로 1달러당 25페소에서 120페소로 평가절하하는 결과로 이어졌다.

　　위험성이 확인된 만큼 국민들 사이에서는 의문이 늘어났다. 디아스카넬은 "이 사안은 위험으로부터 자유로울 수 없다. 한 가지 중요한 사실은 공급 부족으로 악화된 인플레이션이 예상 이상이라는 것이다"라고 경고했다. 실제로 물가는 폭등했다. 물가 상승을 잡기 위해 급여와 연금을 인상했으나, 소매 물가의 급등을 따라잡기는 역부족이었다. 경제기획부 거시경제 정책 전망 및 조정 국장인 카를로스 엔리케 곤살레스 가르시아는 "화폐 단일화를 하기에는 최악의 시기였다고 생각한다"라고 인정했다.

2020년 7월 시중에 도는 외환 확보를 위해 새로운 조치가 시행됐다. MLC(Moneda Libremente Conver-tible, 자유전환통화)라는 은행통화(지폐나 동전과 다른 개념)로, 가격은 달러와 1:1로 연동된다. 은행 계좌에 달러, 유로, 엔, 파운드 등의 외환을 예치하면 이 계좌와 연동된 MLC 카드를 발급받아 사용한다. 반면, 쿠바페소로 MLC를 사는 것은 어렵기에, 수중에 외국화폐가 있어야 한다. 쿠바페소로 코카콜라를 들여오려면 MLC로 지불해야 한다. 이렇다 보니 MLC가 통용되면서 국가 전체

에 외환 암시장이 형성될 수밖에 없었고, 인플레이션은 심화됐다. 2020년 초, 1유로는 쿠바 은행에서 공식적으로 약 30페소였다. 지금 거리에서는 유로당 80페소에 거래된다.

소련 붕괴 당시, 쿠바 정권은 빈곤에 대해 '특별한 평화기'라는 완곡한 표현을 썼다. 현재의 경제 상황은 그 시기를 떠오르게 한다. 물론, 약간의 차이는 있다. 로드리게스는 "이 특별한 시기에 국민 소비는 영향을 받았지만 부는 더 공정하게 분배됐다"라고 강조하며, 다음과 같이 설명했다. "특히 관광업계 노동자들 중 일부는 자신들의 생활수준이 나아졌다고 느꼈다. 그러나, 전반적인 생활수준은 여전히 뒤처져 있었다. 게다가 1990년대에 우리는 20년간의 경기 호황에서 빠져나오고 있었다. 현재는 불황에서 벗어나고 있다. 피로감이 쌓였다."

쿠바 이사벨라 데 사구아 마을의 버려진 집들. 쿠바, 2023-알렉산드르 메네기니

연료 부족을 둘러싼 고충과 범죄

스페어타이어 2개를 실은 2인승 빨간색 낡은 지프에 탄 마누엘은 땀을 뻘뻘 흘렸다. 그의 앞에는 차가 10대 넘게 서 있는데, 아바나의 해안도로로 유명한 말레콘 건너편 탕가나 주유소에서 기름을 넣기 위함이다. 주유는 40리터까지만 가능하다. 20일 전, 그는 같은 장소에서 30여 명의 다른 손님들과 뒤엉켜 있었다. 마누엘의 번호표는 422번이었다. 번호표를 받고 나서, 그는 기름이 도착하면 고객에게 알려주는 텔레그램 메신저에서 쿠펫 탕가나 그룹에 가입했다. "400~550번: 6월 12일 9시 30분에 오세요." 그가 휴대전화 메시지를 우리에게 보여준다. "2~3일 동안 탱크가 바닥나기도 한다. 연료의 양과 자동차 수에 따라, 그들은 몇 사람에게 메시지를 보낸다."

오전 11시 30분. 기념일용 장신구 대여업자 쿠엔타 프로피스타(48세)는 자기 차례를 기다리는 20일 동안 버스로 출퇴근해야 했다. "자가용으로는 10분, 버스로는 1시간 걸린다." 정오에 마침내 그의 차례가 왔다. 그는 937페소에 31리터를 넣고 떠났다. 교차로에서 두 남자가 경찰의 눈을 피해 두리번거리며, 튜브를 사용해 기름통의 기름을 흰 통으로 옮긴다. 그들은 이 귀한 액체를, 후에 줄을 설 시간이 없는 사람들에게 더 비싸게 되팔 것이다.

연료가 부족하다. 1962년부터 미국이 이곳에 내린 금수조치는 조직적으로 물자 부족 사태를 일으켰다. 석유 부족은 식료품 운송, 구급차 출동 및 열전기발전기 가동(가동이 멈추면서 반복적으로 정전이 발생), 대중교통 운행을 방해했다. 버락 오바마 대통령의 두 번째 임기(2012~2017)에 금수조치가 완화됐으나, 도널드 트럼프가 백악관에 입성하자마자 243개의 새로운 금수조치가 시행됐다. 2019년에만 54척의 소형보트와 27개 석유 기업이 쿠바에 석유를 운송한 혐의로 유죄 판결을 받았다. 또한 2019년에 미 재무부는 (라이베리아에 본사가 있는) 발리토 베이 시핑 주식회사와 그리스에 위치한 프로퍼 인 매니지먼트 주식회사를 비롯해 석유기업 페트롤레오스 데 베네수엘라의 선박 34척에 제재조치를 내렸다.

트럼프의 금수조치 확대

과거 미국 기업이 투자했고 혁명 이후 국영화된 자연인 또는 법인을 법정에 세우기 위해, 트럼프는 금수조치의 범위를 넓혔다. 외국에서 보내는 송금액(또는 국가 재정에서 3위를 차지하는 '레메사스(송금)')은 이전까지 무제한이었으나 갑자기 분기마다 1인당 1,000달러로 제한했다. 해외발 송금액은 오바마 행정부 시절 쿠바 경제 활성화의 주역이었다. 국제 송금 플랫폼인 웨스턴유니언에 쿠바에서 활동을 중단하라는 명령이 내려졌다. 트럼프 임기 당시 미국 규칙을 위반한 것으로 기소된 은행 및 금융 단체에 22건의 처벌이 적용됐다. 2018년 프랑스 금융그룹 소시에테 제네랄은 쿠바, 이란, 수단과 관련된 금융거래에 대해 10억 달러 이상의 벌금을 부과받았다.

백악관을 떠나기 며칠 전 트럼프는 쿠바를 테러지원국 명단에 올렸다. 단순히 아바나가 2016년 콜롬비아 무장혁명군(FARC)과 콜롬비아 정부 사이에 평화협상을 마련했다는 이유 때문이었다. "노르웨이는 협상의 보증인 역할을 했으나 어떤 혐의도 받지 않았다"라고 로드리게스는 지적했다. 또한 쿠바는 2017년 개시해 2018년에 중단된 콜롬비아 정부와의 협상 이후 쿠바에 잔류한 민족해방군(ELN, 또 다른 콜롬비아 무장단체) 소속 게릴라의 송환을 거부했다. 2020년에 당선된 조 바이든 미국 대통령은 레메사스에 대한 1,000달러 한도 규정을 없애고 비자 발급에 일부 편의를 제공하는 데 그쳤다. 유엔총회는 금수조치로 2021년 9월~2022년 10월 63억 달러의 손실이 발생할 것이라고 추정했다.

"트럭이 없어서 망고를 썩히고 있다"

라스모스카스로 가는 길에 붉은 잎사귀를 뽐내는 나무들이 서 있다. 바나나 나무, 망고 나무, 화염목 등이다. 시엔푸에고스 마을 인근의 이 시골에는 건물 앞에 에르네스토 체 게바라의 얼굴이 붙어 있는 학교를 마주하고 의료 사무소가 있다. 에스캄브레이 산맥(1958년에 이름난 게릴라들이 이곳에 캠프를 차렸다)이 수평선을 따라 늘어서 있다. 아래쪽으로는 흙길이 들판으로 이어진다. 키 큰 관목들 뒤로 부드럽게 종이 울린다. 시간은 오전 10시이고 곧 해가 높이 솟을 것이다.

키가 크고 피부가 그을린 유니는 벨트 달린 작업복에 부츠를 신고 쿠바 국기가 장식된 모자를 쓰고 있다. 그는 몸집이 큰 검은 소 두 마리와 소가 끄는 쟁기로 밭을 갈고 있다. 그는 3헥타르의 땅에서 오이, 옥수수, 카사바, 고구마, 망고 열매를 재배한다. 우기에는 모내기를 한다. 건기는 강낭콩의 계절이다. 새끼를 낳을 수 있는 암소 8마리에게서 우유를 얻는다. 수확한 농작물은 마을과 인근 도시에 식량을 배급하는 국가에 판매한다.

"도시 사람들은 우리의 공급에 의존한다. 더 많이 생산하고 싶지만 필요한 자원이 없다. 따라서 원하는 것을 매번 얻지 못하는 국민들이 어려워진다. 희소성은 가격을 올린다. 블로쿠스(Blocus, '봉쇄'라는 뜻으로 쿠바 사람들이 미국의 금수조치를 일컫는 말) 때문에 관개시설이나 식물을 뿌리째 뽑는 기계, 트랙터를 가동시킬 석유를 수입할 수 없다. 기계가 15분이면 할 일을 소는 4시간이나 걸린다. 트럭 한 대만 있으면 눈에 보이는 저 망고들을 전부 딸 수 있다. 그런데, 트럭이 없어 망고가 썩게 내버려 둘 수밖에 없다."

주요 설탕 수출국이었던 이 나라에서 이제 하얀 황금은 손에 넣을 수가 없다. 산타클라라에서 30분 거리에 있는 작은 마을 이프라인 알폰소에는 곤충들이 윙윙거리는 야자수가 늘어선 콘크리트 포장도로가 있는데, 이 길은 지금은 쓰이지 않는 것으로 보이는 초록색 철판 덩어리로 이어진다. 바로 설탕 공장이다. 공장에는 벽이 없다. 녹슨 톱니바퀴와 관으로 이뤄진 내부가 보인다. '주의' 표시가 위험을 경고한다. 위쪽에는 '이프라인 알폰소'라고 도장이 찍힌 굴뚝이 하늘을 찌를 듯 서 있다.

활발한 암시장 거래, 의약품도 있어

몇 미터 떨어진 마을이 폐허로 변해 있다. 스페인계 전직 행정가의 마을이다. 라파엘라(60대)는 공장 아래쪽 정원 딸린 작은 집에서 아들과 함께 살고 있다. 1980

년 이 공장의 계획부에서 일하기 시작한 그녀는 속상한 표정으로 현재 상황을 설명했다.

"이 공장에서는 엄청난 양의 설탕을 생산했다. 우리는 비옥한 토양과 사탕수수를 가지고 있었지만, 블로쿠스 때문에 많은 공장이 문을 닫았다. 공장을 유지할 교체부품을 구할 수가 없기 때문이다. 이 공장은 아직 열려 있지만 2년 전부터 설탕은 생산하지 못한다. 올해는 주조용과 축산용 당밀만 생산한다."

결국 설탕은 비싸졌고, 일부는 수입하고 있다. 산미겔 델 파드론으로 향하는 만원버스의 승객들은 전부 '라 쿠에비타'에서 내린다. 아바나 외곽에 있는 이 마을의 중심가는 사람들로 붐빈다. 쓰레기로 가득 찬 진흙길이 나온다. 수백 명이 식료품, 옷, 선풍기 등을 구하기 위해 몰려든다. 라 쿠에비타는 코로나 팬데믹, 화폐 단일화로 인한 인플레이션 속에서 폭발적으로 늘어난 쿠바 암시장 중심지 중 하나다.

한 여성이 여동생, 친구와 함께 길거리에 약 보따리를 펼쳐놓는다. "외국에서 가져온 의약품이다. 약국이 비어 있어서 여기서 판다." 평상시 쿠바에서 약값은 비싸지 않은 편이다. 일례로 진통해열제인 파라세타몰 한 갑은 약국에서는 70페소인데, 라 쿠에비타에서는 200페소다. 지쳐 보이는 에르네스토(45세)는 아기 기저귀를 되팔고 있다. 그녀는 유능한 변호사로, 2020년 매일 2~3시간을 들여 이곳에 왔다. "코로나 팬데믹 이후 모든 게 어려워졌다. 그래서 얻을 수 있는 것은 무엇이든 손에 넣는다. 나는 이 기저귀를 개당 500페소에 샀는데 650페소에 되팔려고 한다. 5,000~6,000페소의 월수입으로는 부족하다."

맞은편 광장에는 여남은 명의 사람들이 제법 불룩해진 가방을 들고 버스를 기다린다. 아바나에서 물건을 사서, 물건 사기가 어려운 다른 지방에 가서 팔 예정이다. 그곳에서는 비싸게 팔 수 있을 것이다. 금발을 집게로 틀어 올리고 목에는 땀이 송글송글 맺힌 52세의 다니는 그날 아침 (이곳에서 100km 남짓 떨어진 마탄자스주에 위치한) 페리코에서 왔다. 검은색 쇼핑백에는 마을로 돌아가 되팔 스파게티 국수와 가전제품이 한가득 들어 있다. "새벽 4시에 출발해서 7시에 도착했다." 지금은 정오다. 그녀는 벌써 다시 떠난다.

경제부 장관 조엘 마릴 도메네크는 "2019년까지 암시장이 존재했지만, 활성화되지는 않았었다. 화폐 단일화와 더불어 환율은 달러당 25페소에서 120페소로 뛰었다. 불법적으로는 200페소에 거래되기도 한다. 현행 조건에서 비공식 경제를 뿌리 뽑기는 어렵다. 그래서 사람들은 다른 해결책을 찾는다"라고 시인한다.

"우유 살 수 있나요?", "아들에게 장난감을 주고 싶어요"

2018년 말 3G가 등장했다. 그 전에 쿠바 사람들은 공원에서만 와이파이를 통해 인터넷에 접속할 수 있었다. 지하경제에 새로운 가능성이 열렸다. 디에고(32세)는 휴대전화로 텔레그램과 왓츠앱의 모든 그룹을 스크롤한다. '팀비리치 아바나'의 회원 수는 64만 명이다. 팀비리치는 막대사탕, 휴대전화 케이블, 치약, 담배 등 물품을 소량판매하는 작은 노점을 말한다. 채팅창에서 회원들이 묻는다. "안녕하세요, 치즈 살 수 있을까요?" "통닭 한 마리, 기름 1리터, 우유가 필요한데 어디서 살 수 있는지 아시는 분?"

이런 채팅도 있다. "193유로에 삽니다." 디에고는 "최근 몇 년 새 판매 제품이 의약품, 식료품, 냉장고, 자전거 등으로 구체화됐다"라고 설명한다. 채팅 앱은 시장처럼 기능하기도 한다. 디에고는 "이 농부에게서 상추를 사고 저 농부에게서는 토마토와 구아바를 산다. 그리고 판매를 중앙 집중화하기도 한다"라고 설명했다. 판매자들은 판매 가능한 상품의 목록과 가격을 올린다. "고급 화장품, 향수, 연필, 안티에이징 크림 팝니다" 혹은 "에날라프릴, 설파프림, 살부타몰, 아목시실린 등 의약품 일체 수입합니다."

2020년부터 쿠바 밖에 살면서 쿠바에 있는 물건을 거래하는 식료품 판매 사이트가 증가했다. 방식은 이렇다. 외국에 살고 있는 가족 중 한 사람이 (쿠바에 있는) 물건을 자신의 신용카드로 결제한다. 그러면 식료품

은 지정된 주소로 배달된다. 디에고는 "2020년에는 새벽 3~4시부터 사람들이 줄을 서기 시작했다. 그러다가 이런 사이트들이 생겼다"라고 설명했다. "이 사이트들은 가족끼리 운영하는 소매점 같은 기능을 한다. 쿠바 사람들은 이 사이트를 통해 자기 가게의 물건들을 더 비싸게 판다. 사이트를 활용하면 새벽부터 줄을 설 필요는 없어지지만, 충분한 돈과 외국에 거주하는 가족이 있어야 한다." 디에고의 큰 형은 아르헨티나에 살고 있다.

이런 상황은 2021년 7월 11일, 30년 만에 큰 시위를 일으켰다. 게다가 대규모 이민의 물결도 일으켰다. 2022년, 20만 명이 넘는 쿠바인들이 유럽이나 중남미, 미국으로 떠났다. 남청색의 낡은 미국산 자동차에서 카롤리나는 친구 엘리자베스와 웃고 있다. 그녀는 가족을 깜짝 방문할 예정이다. 1년 7개월 전, 카롤리나는 어린 아들(7세), 남편과 함께 독일 뮌헨으로 떠나려고 사회문화 개발에 관한 연구를 중단했다.

"2020년 전에는 떠날 생각이 전혀 없었다. 하지만 코로나 팬데믹이 터지자, 이 모든 혼란이 시작됐다. 대학교 동문들이 전부 떠났다. 쿠바는 재능의 섬이다. 혁명은 사람들에게 읽고 쓰는 법을 가르쳤고, 훌륭한 전문가로 훈련시켰다. 하지만 내 아들은 원할 때 아이스크림을 먹고, 장난감을 가지고 놀 수 있기를 바란다." 카롤리나는 결국 그녀의 동문들처럼 쿠바를 떠났다. 그녀는 현재 뮌헨의 식당에서 접시를 닦고 있다. ⒧

글·마일리스 카이더 Maïlys Khider
<르몽드 디플로마티크> 특파원

번역·조민영
번역위원

(1) 2023년 10월 기준, 1페소는 한화로 약 1.44원. 즉, 3,700페소는 한화로 약 5,328원이다.

<인플레이션!> 시리즈 중 '개 산책자', 부에노스 아이레스, 2022 - 이리나 웨르닝_관련기사 72면

MONDIAL

지구촌

정체성 분쇄기에 빠진 스페인 좌파

지난 7월 스페인 총선 결과, 절대 다수당은 없었다. 그러자, 사회주의 진영은 우파 성향의 제1당인 국민당(PP)의 알베르토 누녜스 페이호 대표가 총리로 임명되지 않기만 바라며 기회를 엿보고 있다. 그런데, 사회주의 진영의 이런 바람은 민족 정체성 문제를 내세우는 군소 정당들의 지지가 있어야 실현될 수 있을 것으로 보인다. 그렇다면, 그 지지에는 어떤 대가가 따를까?

기예르모 델 바예 ▌변호사

지난 2023년 7월 23일 스페인 총선 결과, 과반을 확보한 정당이 없었다. 따라서 정당 간 교섭이 이어지고 있다. 현재 스페인 정치권은 크게 두 진영으로 나뉘었다고 볼 수 있다. 한쪽은 국민당(PP)과 복스(Vox)를 중심으로 하는 보수·극우 진영이다. 이들은 스페인은 하나의 단일 국가이며 결코 분리될 수 없다는 '단일민족주의'와 중앙집중적인 권력 구조를 주장한다는 특징을 공유한다.

다른 한쪽은 넓은 의미에서의 좌파 진영 및 '분리민족주의' 진영이다. 특히 일부 자치주(카탈루냐, 바스크, 나바라 등)를 기반으로 하는 이 또 다른 형태의 민족주의에서는 스페인을 서로 다른 언어와 문화를 가진 다양한 민족들이 모여 이룬 다민족적 국가로 본다. 실제로 스페인사회노동당(PSOE)과 좌파 정당 연합인 수마르(Sumar)는 스페인의 다민족성을 강조하고 나아가 각 민족의 분리를 주장하는 여러 정당과 접촉을 이어가고 있다.

지난 8월 19일, 좌파 연합 포데모스(Podemos)의 공동창립자 이니고 에레혼은 엑스(구 트위터)를 통해 이런 글을 남겼다. "사회주의 정책과 다민족 분리주의가 양립할 수 없다는 생각은 틀렸다. 스페인의 역사를 위해, 공공의 적에 맞서기 위해, 힘을 합치기 위해, 민주주의를 위해, 우리는 손을 맞잡고 전진해야 한다. 이를 위해 노력하고 있다."

하지만 정말 진보주의와 민족주의의 경계가 서로 맞닿아 있다고 봐야 할까? 어떤 이들은 이를 확신한다. 특히 스페인만큼 단일국가주의가 좌파의 뭇매를 맞는 곳은 없을 것이다. 이는 가톨릭, 보수주의, 전통주의라는 스페인의 '본질'을 강조했던 프랑코 정권(1936~1975)의 잔재다. 독재자 프란시스코 프랑코는 1936년 6월 1일 연설을 통해 "우리는 이상적 과거의 순수한 전통과 본질이 새롭고 활기차며 용맹한 형태로 기록되는 국가를 원한다"고 선포한 바 있다. 그러므로 단일민족주의에 반기를 든다면 이는 프랑코주의 그 자체는 물론 보수 진영에 남아 있는 프랑코 정권의 유산에 맞서는 것이 되며, 반대로 다민족주의와 분리주의를 지지한다면 이는 진보주의의 전통에 대한 충성의 증거가 된다.

좌파라는 테두리를 넘어

그러나 프랑코 정권의 국가관으로 인해 모든 단일국가주의적 논리를 반동의 일종으로 보는 것이 과연 합당한 일일까? 스페인의 국가 이념을 프랑코주의에 내맡기려는 생각은 공화주의의 이념을 1974년부터 1990년까지 '공화국 대통령'으로 지냈던 칠레의 독재자 아우구스토 피노체트와 결부시키는 것이나 마찬가지 아닌가? 확실히 지방분권은 중앙정부의 독재를 막을 수 있다. 하지만 지역별 정체성 강화가 반드시 사회적 발달의 매개가 된다고 볼 수는 없다. 실제로 2007년 볼리비아에서는 좌파 성향이자 원주민 출신인 에보 모랄레스 대통령이

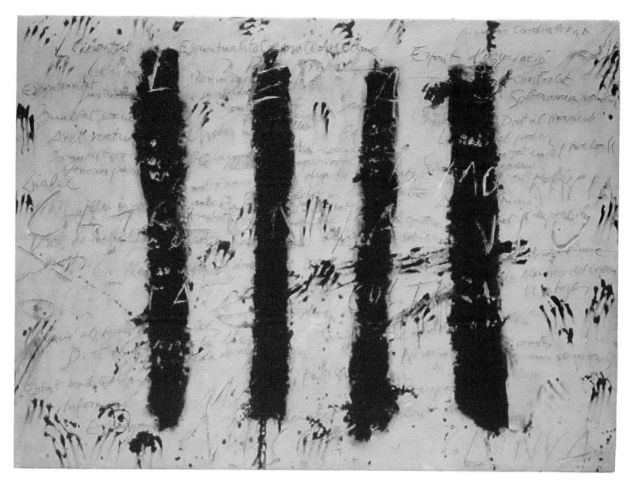

<카탈루냐의 정신>, 1971 - 안토니 타피에스

정권을 잡으면서 일명 '메디아 루나(반달)'라고 불리는 부유한 동부 지역들이 중앙정부로부터 분리운동을 벌이기도 했다.

그럼에도 불구하고 지지자들에 따르면 최근 좌파 진영이 민족 정체성 보호를 주장하는 분리주의 정당들과 교류를 이어가고 있는 이유는 선거 결과에 따른 절박함 때문인 것으로 이해된다. 프랑스의 시인 루이 아라공은 1943년 발표한 시에서 "밀밭 위로 우박이 쏟아지는 상황에서 / 까다롭게 구는 것은 미친 짓"이라고 적은 바 있다. 스페인 좌파 진영이 좌파라는 테두리를 넘어 다른 정당들과 서둘러 손을 잡지 않는다면 진보주의 정부가 구성될 가능성은 희박하다.

스페인사회노동당과 수마르가 이번 총선에서 획득한 의석 수는 각각 121석과 31석으로, 둘이 손을 잡아도 정부 구성을 위해 필요한 과반인 176석을 넘기기에는 부족하다. 그러니 좌파로서는 계산기를 두드려보지 않을 수 없는 입장이다. 하지만 아무리 연립정권을 실현하기 위해서 라고는 해도, 평등부터 사회정의에 이르기까지 좌파가 일궈온 정책들을 '정체성'이라는 명목으로 묻어버리는 일이 일어나게 둘 순 없을 것이다.

2023년 7월 총선 이후 스페인사회노동당과 수마르의 '예비' 지지 정당들은 좌파 연립정부 구성을 거드는 대신 그 대가로 여러 조건들을 요구하고 있다. 예를 들어 페레로 아라고네스 카탈루냐 주지사는 카탈루냐와 마드리드의 세금이 다르다는 문제를 지적하며 "카탈루냐의 재정 적자를 해결하는 조건"을 받아들인다면 페드로 산체스 총리(2018년 취임)를 중심으로 하는 새 정부 수립을 지지하겠다고 밝혔다. 카탈루냐사회당(PSC) 역시 숙고를 거듭하고 있다.

그런데 좌파 진영으로서는 '재정 적자'라는 개념 자체를 받아들일 경우 그 여파를 고민하지 않을 수 없다. 부의 재분배를 위해 만들어진 의무과세는 지방 정부가 아닌 국민 개개인을 대상으로 한다. 그런 의미에서 이런 정당들은 고액 납세자 및 대기업이 많은 지역일수록 더 많은 세금을 낸다는 당연한 사실에 반기를 드는 셈이 됐다. 정말 좌파가 이런 주장에 힘을 보태줘야만 할까?

"자유, 평등, 박애도 모두를 위한 것이어야"

한편 스페인 북부의 바스크국민당(PNV)은 현재의 복지수당제도가 불충분하다는 점을 들어 개혁을 요구하고 있다. 단, 그 개혁의 골자는 사회보장기금의 재정립이 아닌, 그 권한을 지방정부로 이전하는 것이다. 안도니 오르투자르 바스크국민당 대표는 바스크 주정부가 사회보장기금을 직접 이끌게 된다면 "바스크주는 더 많은 보장을 누리고 더 나은 연금 혜택을 받을 수 있게 될 것이며, 결국 더 좋은 삶을 살아갈 수 있게 될 것"이라고 설명했다. 다른 스페인 국민들의 상황은 아무래도 좋다는 식이다.

영국의 역사학자 에릭 홉스봄은 1996년 이런 글을 썼다. "너무나 당연한 한 가지 사실을 말하겠다. 좌파의 정치 계획은 보편적이라는 것이다. 모든 인류를 위한 투쟁이어야 한다는 것이다. 해석은 중요하지 않다. 자유는 주주들이나 흑인들을 위한 것이 아닌, 모두를 위한 자유여야 한다. 평등은 개릭 클럽(19세기 런던의 고급 사교 클럽)이나 장애인을 위한 것이 아닌, 모두를 위한 평등이어야 한다. 박애는 이튼 칼리지(영국의 명문사립학교)의 학생들이나 동성애자들을 위한 것이 아닌, 모두를 위한 박애여야 한다. 하지만 정체성 정치는 모두의 해방을 위한 것이 아닌, 오로지 특정 집단의 소속원만을 그 대상으로 삼는다."

이처럼 앞서 언급한 두 진영(보수와 단일민족주의, 진보와 분리민족주의)의 경계선은 신자유주의 논리와 양립하는 과정에서 점차 흐려진다. 신자유주의는 자신들이 세운 로드맵을 실현시킬 만큼 강력한 국가를 원하는 한편, 규범·영토·세금 등의 붕괴를 통해 발전하기 때문이다. 그리고 이런 붕괴가 국가 영토의 분열을 초래하기도 한다. 앞서 살펴본 볼리비아의 사례도 그렇고, 오늘날 유럽 곳곳에서 일어나고 있는 '지역화'의 경우도 그렇다. 지역화는 국민들을 분열시켜 서로 경쟁하도록 만들

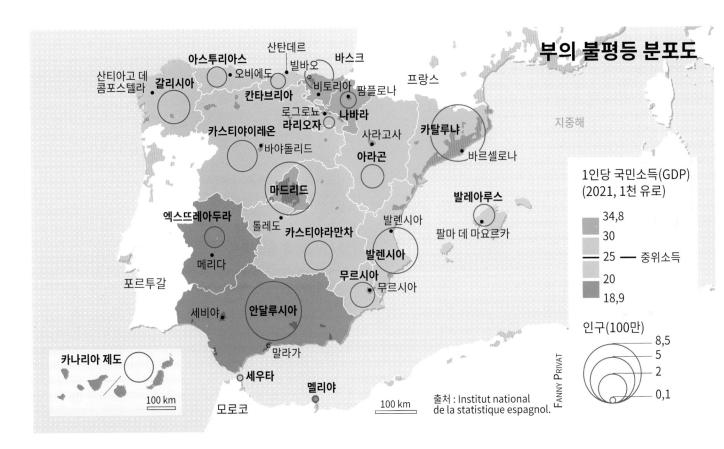

부의 불평등 분포도

1인당 국민소득(GDP)
(2021, 1천 유로)

34,8
30
25 — 중위소득
20
18,9

인구(100만)

8,5
5
2
0,1

출처 : Institut national de la statistique espagnol.

Fanny Privat

고, 이를 통해 임금 인하, 사회보장축소, 민간 중심의 세제개편 등이 조용히 받아들여질 수 있도록 한다.

피케티가 '카탈루냐 신드롬'을 쓴 이유

오스트리아학파의 철학자 한스 헤르만 호페는 다음과 같은 주장을 펼치기도 했다. "모나코, 안도라, 리히텐슈타인, 나아가 스위스, 홍콩, 싱가포르, 버뮤다 등의 소국가에서 자유의 희망을 찾을 수 있다. 자유의 신봉자들은 수많은 독립체들의 출현을 적극적으로 권장할 것이다. 이를테면 튀르키예 중앙정부와 순조로운 관계를 유지하면서도 세금을 낼 필요도, 소득 재분배를 받을 필요도 없으며, 자체적인 규범을 지니고 있어 중앙정부의 법을 따를 필요도 없는, 자유롭고 독립적인 이스탄불이 생겨나는 식이다."

프랑스 경제학자 토마 피케티는 2017년 11월 14일, 그의 블로그에 '카탈루냐 신드롬'이라는 제목의 글을 올렸다. 그는 "2010년 이후 분리민족주의적 주장에 따라 세금 분권화가 지속돼 이제 스페인은 세금 및 재정이 가장 분권화된 국가 중 하나"라며, "훨씬 큰 규모의 연방국가와 비교해도 마찬가지"라고 단언했다. 그런데 소득세, 재산세, 상속세, 증여세와 같은 주요 누진세들에 대한 조정 능력을 각 지방 정부의 손에 맡긴다면 "이는 국가 내에서의 결속력을 해치고, 지역 간 갈등을 초래하기도 한다. 특히 소득세처럼 지역 정체성, 직업 정체성 등을 뛰어넘어 최빈층과 최부유층 사이의 불평등을 완화하기 위해 준비된 일종의 장치들과 연관이 될 경우 더욱 문제가 된다"고 꼬집었다. 카탈루냐의 민족주의 역시 어느 정도 "'집단이기주의'를 더욱 심화시킬 수 있는" 논리를 따르고 있다는 것이다.

우파도 예외는 아니다. 스페인의 '단일성'과 동질성을 추구한다고 강조해온 것과는 달리 지지층의 이익을 위해서라면 국가의 영토 분열을 무릅쓰고서라도 기회를 낚아채고자 하고 있기 때문이다. 2021년 6월, 국민당 소속의 이자벨 디아스 아유소 마드리드 주지사는 스페인 헌법에 의거해 마드리드 의회에 재정자율성 확보를 위한 새로운 법을 제안하겠다는 의사를 밝혔다. 스페인을 분리될 수 없는 단일한 국가로 보는 관점은 잊은 듯한 행보였다. 이는 "재정관리 부문에 있어서 마드리드주의 독립성을 보호"하기 위한 것이기도 했지만 동시에 에너지 가격 증가로 인한 위기를 완화하고자 상속세 및 재산세를 인상하려는 중앙정부의 계획으로부터 지역 내 가장 부유한 납세자들을 '보호'하는 조치이기도 했다.

한편 2023년 5월, 바스크국민당은 모든 국민의 주거환경권을 강화해줄 주거 관련법에 반대하고 나섰다. 이 법이 바스크 지역의 "명백히 독점적인 권한을 침해"한다는 이유였다. 페드로 산체스 총리도 바스크국민당의 반대 사실을 모를 리 없지만, 이제는 잠재적 파트너가 될 수도 있는 바스크와 카탈루냐의 정당들을 사로잡기 위해 "다원적 스페인"이라는 개념을 강조하고 있는 입장이다. '레엔다카리(바스크어로 '바스크주 지방정부의 수장')'이니고 우르쿨루 바스크 주지사를 위시한 일부 세력이 주장하는 스페인의 연방화에 한 발 더 다가간 셈이다.

이니고 에레혼의 주장과는 달리, 다민족주의가 늘 사회의 진보를 의미하는 것은 아니다. 특히 다민족주의가 분리주의 운동에 일조해 국력 약화와 지역 간 경쟁을 고조시킨다면 더욱 그렇다. 그러므로 좌파라면, 한 국가의 국민들이 서로 다른 권리를 내세우는 것을 정당화하도록 좌시하지 말아야 할 것이다. **ID**

글·기예르모 델 바예 Guillermo del Valle
변호사, 웹사이트 eljacobino.es 운영

번역·김보희
번역위원

※본 기사는 르노 랑베르(<르몽드 디플로마티크> 프랑스어판 기자)의 프랑스어 번역본을 국문으로 번역한 것임.

※스페인의 산체스 총리 대행이 11월 16일 스페인 하원에서 거행된 총리 인준 투표에서 인준안이 가결되어 연임에 성공했다. 이날 투표에서 산체스 총리 대행은 전체 하원의원 350명 가운데 찬성 179표를 얻어 반대 171표를 누르고 과반수 득표에 가까스로 성공했다. (편주)

'아르헨티나의 트럼프' 밀레이, 예측불허의 극우 아웃사이더

'극우 아웃사이더' 하비에르 밀레이(53 · 자유전진당)가 아르헨티나 대선에서 승리했다. 밀레이는 틱톡 등 소셜미디어(SNS)를 적극적으로 활용해 "자유 만세, 젠장!(Long live freedom, damn it!)"을 외치며 지지자들을 모았다. 지난 11월 19일 치러진 대선 결선 투표에서 야당의 밀레이 후보는 득표율 55.78%로 경쟁자인 반미 · 좌파 여당 연합 후보인 세르히오 마사(51) 후보의 득표율 44.21%을 크게 앞섰다. 아르헨티나에서 우파 후보가 집권한 것은 2015년 마우리시오 마크리 전 대통령 이후 8년 만이다.

안도미니크 코레아 ▮기자

대외 부채 때문에 큰 압박을 받는 아르헨티나는 구조적인 인플레이션을 겪고 있고, 이로 인해 국민 대다수가 실업과 빈곤에 빠졌다. 페론주의자들의 실패를 목격한 유권자들은 실용주의적인 작은 정부를 천명한 밀레이 후보를 선택했다.

화이트 보드 위에 아르헨티나 정부 부처들의 이름표가 붙어 있다. 록가수처럼 헝클어진 머리에 구레나룻을 기른 예리한 파란 눈빛의 남자가 그 앞에 다가섰다. (그는 3년 동안 손질을 하지 않은 자신의 머리가 '시장의 보이지 않는 손'의 작품이라 자랑스럽게 말했다.) 남자는 이름표를 하나씩 거칠게 떼어내며 그 위에 적인 부처의 이름을 큰소리로 외쳤다. "관광체육부, 아웃! 문화부, 아웃! 환경부, 아웃! 여성부, 아웃! 공공사업부, 아웃!" 이름표 하나가 반밖에 떼어지지 않자 다시 떼어내며 이렇게 말했다. "버틴다고 해도 소용없다! 기술과학혁신부 아웃! 노동부 아웃! 교육부 아웃! 교통부 아웃! 보건부 아웃! 사회발전부 아웃!" 보드 위에는 이제 인적자원부, 기반시설부, 경제부, 법무부, 안보부, 국방부, 외교부, 내무부만 남아있었다. 만족스러운 표정으로 화이트 보드를 바라보던 그는 이렇게 말했다. "정부에 뭐가 남았나? 이제 정치 비즈니스는 끝이다! 자유 만세! 젠장!"

자칭 '무정부 자본주의자', 전기톱 퍼포먼스로 유명세

아르헨티나를 위한 정치 포부를 밝히는 이 남자의 이름은 하비에르 밀레이. 경제학자다. 하비에르 밀레이는 TV에 나와 분노에 찬 얼굴로 "극좌파의 정책은 형편없고", 기자들은 "바보", "멍청이" 혹은 "무식한 자들"이라고 말한 덕분에 유명해졌지만, 동시에 신뢰할 수 없는 사람이라는 이미지도 얻었다. 그런데도 2023년 8월 13일 치러진 대통령 예비선거(10월 22일 예정된 대통령 선거의 사전 투표)에서는 '자유전진당'의 후보로 출마해 30%를 득표하며 1위에 올랐다. 밀레이는 예비선거에서 보수 연합 '변화를 위해 함께'의 후보 파트리시아 불리치(28% 득표), 페론주의 성향의 집권 여당 후보 세르히오 마사(21% 득표) 등 경쟁자들보다 우위를 점한 것은 물론이고, 아르헨티나 정치계의 전반적인 우경화로 더욱 힘을 받았다. 나머지 두 후보 역시 자신의 정치 집단에서는 우익 성향을 지녔다고 평가받는 인물이었다.

'전기톱'으로 공공지출을 삭감하고, 중앙은행을 '폭파하고', 달러화를 사용하고, 아르헨티나 최대 교역국인 중국이 '공산주의'이므로 관계를 단절하고, 낙태를 범죄

지지자들에게 환호하는 하비에르 밀레이/뉴스1

로 취급하며, 무기 소지를 허가하고, 시위대를 감옥에 넣고, 어린이들의 장기 매매까지 허가하자고 말하는 자칭 '무정부 자본주의자' 밀레이가 승승장구한 이유는 무엇일까?

자이르 보우소나루 전 브라질 대통령이 남다른 스타일과 배경을 가지고, 권위주의와 보수주의 그리고 자유무역이 혼합된 정치를 제안하며, 우파가 고전하던 브라질 정치 무대에 등장했었던 것처럼, 밀레이가 급부상한 것은, 극복할 수 없는 위기를 맞닥뜨린 아르헨티나 우파에 변화가 일어나고 있다는 뜻이다.

하지만 스스로 '혁명가'라 소개하는 밀레이의 공약을 자세히 들여다보면 새로운 것은 하나도 없다. 호르헤 비델라 장군의 독재 정권 시절(1976~1981), 시카고 대학교에서 공부하고 밀턴 프리드먼과 아놀드 하버거에 영향을 받은 경제학자들, 일명 '시카고 보이스'의 조언에 따라 무역 개방, 금융규제 완화, 공기업 민영화 등이 군사적 규율 아래 추진됐다. 아르헨티나 경제 역사 전문가

마리오 라포포르트에 따르면, 이 방법들은 밀레이의 주장과는 달리 아르헨티나를 '자유화'하지 못했고, 오히려 "국가의 사회 및 산업 조직을 파괴했다." 당시에 도입했던 일련의 조치들 때문에 내수 생산 능력이 약화했고, 공산품 수입 자금을 조달하기 위해 농업 수출에 점점 더 의존하기 시작했다. 이 때문에 무역수지의 구조적 적자가 심화했고, 이는 만성적 인플레이션의 원인이 됐다. 1976년 쿠데타 이전 연평균 78%였던 인플레이션이 독재 정권 시기에는 평균 191%에 달했다.

1983년 아르헨티나가 민주주의로 회귀한 이후, 급진당(UCR)의 라울 알폰신 정부(1983~1989)와 신자유주의 페론주의자인 카를로스 메넴(1989~1999) 정부에서는 이전 독재 정권과 같은 지침을 따랐다. 라포포르트는 "메넴 정권에서 제안했던 수많은 정책을 밀레이가 지금 제안하고 있다"라고 덧붙였다. 군사 독재 정권에서 중앙은행장을 지냈던, 메넴 정부의 도밍고 카바요 경제부 장관은, 1989년 인플레이션이 세 자릿수를 넘어가자,

인플레이션이라는 재앙을 끝내고 경제의 달러화를 이루기 위한 첫 번째 단계를 시행한다. 1991년 3월 27일 '태환 계획'을 공표하고, 이에 따라 닷새 뒤 페소화를 미 달러화에 1대 1로 고정한 것이다.

라포르트는 "태환 계획을 통한 달러화 시도는 완전히 실패했다"고 설명했다. 하이퍼플레이션을 저지할 수는 있었지만 다른 문제들이 빠르게 나타났기 때문이다. 달러화는 페소화보다 훨씬 강한 화폐이기 때문에 패리티(서로 다른 통화가 동일한 가치를 갖는 것 – 역주)가 환율을 상승시켰고 이로 인해 수출 비용이 더 비싸졌다. 가격 경쟁력이 떨어졌으므로 수출량은 충분히 증가하지 않았고, 두 통화의 패리티 유지를 위해 필요한 달러 수요를 맞출 수 없었다. 그 결과, 아르헨티나는 빚을

지게 됐다. 2001년, 경제가 붕괴했고, 파산이 머지않았다는 사실을 깨달은 아르헨티나 국민은 예금 인출을 위해 은행으로 달려갔다. 하지만 2001년 12월 3일, 정부는 예금을 동결시켰다.

코랄리토('작은 뜰'이라는 뜻)라 불린 정부의 계좌 동결 조치 이후 위기 상황이 이어졌다. 2002년 1월 21일, 메넴의 뒤를 이은 페르난도 데 라 루아 대통령(임기 1999~2001년)과 도밍고 카바요 장관은 헬리콥터를 타고 도망쳤고, 아르헨티나는 채무불이행 선언을 했으며, 단 11일 만에 대통령이 네 번이나 바뀌었다. 국민들은 평가절하된 페소화로 예금을 찾아갔다. 2001년과 2002년 사이, 국내총생산(GDP)은 10%나 급락했고, 빈곤율은 46%에서 66%로, 실업률은 18.3%에서 21.5%로 급등했다.

2003년 4월, "모두 물러나라!"고 요구했던 시위는 진보성향의 페론주의자 네스토르 키르츠네르(2013년 사망)의 대통령 당선으로 이어졌다. 키르츠네르 대통령은 피폐해진 나라를 회복시키기 위해 국가 채무를 재협상하고, 일부 전략 기업들을 국영화했으며, 사회보장제도를 신설했다. 덕분에 첫 임기 동안 아르헨티나의 빈곤율은 절반으로 줄었다.

그러나 2007년, 후임 대통령으로 당선된 키르츠네르 대통령의 부인 크리스티나 페르난데스는 권력자들의 눈에도 과도한 정책을 펼쳤다. 농업 원료 시세가 급등하는 와중에

아르헨티나 경제의 허파라고 할 수 있는 대두 수출에 35%의 세금을 부과한 것이다. 도시 중산층들의 지지를 얻은 농산물 수출업계는 129일 동안 농산물 출하 및 수송을 중단시켰고, 페르난데스 대통령은 한발 물러날 수밖에 없었다. 이렇듯 페르난데스 대통령의 개혁 시도들은 보수주의자들이 정해 놓은 한계선에 부딪혔고, 결국 2015년, 긴축 정책 및 자유무역으로의 회귀를 약속한 기업가 출신 마우리시오 마크리가 대통령에 당선됐다.

그러나 2001년처럼 실패가 이어졌다. 마크리 대통령은 '민간 투자 물결'을(1) 일으키려고 경제 성장을 위한 수많은 정책을 수립했지만, 투자는 전혀 이뤄지지 않았다. 게다가 자본에 대한 모든 통제 조치 및 수출세를 폐지하면서 아르헨티나는 달러 부족이라는 고질적인 문제에 다시 직면했다.

좌파 진영 내분이
우파 밀레이에게 뜻밖의 행운

2018년, 마크리 대통령은 결국 IMF에 도움을 요청했고, IMF는 추가 긴축 정책을 조건으로 570억 달러를 지급했다. 라포포르트에 따르면 "이 금액은 절대 상환할 수 없는 금액"일 뿐만 아니라, 효과가 전혀 없는 조치였다. "IMF 지원금 대부분이 해외로 빠져나갔기 때문이다." 2020년 5월, 아르헨티나 중앙은행이 발표한 보고서에 따르면, 마크리 대통령 임기 중에 국내로 유입된 외화 1,000억 달러 가운데 860억 달러가 즉시 외국으로 유출됐다.(2)

2019년, 페론주의 연합 '모두의 전선'의 알베르토 페르난데스가 대통령으로, 크리스티나 페르난데스가 부통령으로 (두 사람 사이에는 아무런 친인척 관계도 없다) 당선됐

을 당시, 아르헨티나의 상황은 2001년과 비슷했다. GDP는 3년 만에 평균 1.3% 감소했고, 부채는 GDP의 52%에서 86%로 껑충 뛰었으며, 페소화의 가치는 반 토막이 났고, 실업률은 7%에서 10%로, 빈곤율은 30%에서 35%로 증가했다. 페르난데스 대통령은 위기를 극복할 수 없었다. 마크리 정권에서 이어진 부채 상환에 대한 부담은, 새로운 어려움에 직면한 정부의 손발을 꽁꽁 묶었기 때문이다. 전 세계적인 전염병으로 13만 명이 사망했고, 우크라이나 전쟁으로 에너지 가격이 올랐으며, 기록적인 가뭄은 농업을 황폐화했다.

스스로 '진보적 자유주의자'라(3) 묘사하던 페르난데스 대통령은 새로운 긴축 정책을 조건으로 IMF와 또 다른 협정을 맺기로 하고, 이에 반대하는 부통령과는 결별했다. 그 결과, 빈곤율은 40%를 넘어섰고, 연간 인플레이션은 116%에 달했으며, 페르난데스 대통령의 지지율은 20%를 겨우 넘겼다.(4) 평판을 잃은 페르난데스 대통령은 2023년 10월 22일로 예정된 차기 대선 불출마를 선언했다. 크리스티나 페르난데스 부통령의 상황도 어렵긴 마찬가지였다. 2022년 9월 1일 암살 위기를 겪었을 뿐 아니라, 대선 출마를 막으려는 법정 싸움에도 휘말렸다.

이렇듯 좌파 진영에서는 대중의 인기를 얻을만한 후보가 부재하고, 내부 분열까지 더해져 우파와 우파의 오랜 정책들이 복귀할 기회의 문이 열렸다. 우파는 서로 다른 두 후보를 내세우며 복귀의 시동을 걸었다.

대통령에 당선된 '자유지상주의자'인 밀레이는 치안 문제와 사회 운동에 대해 강력한 조치를 취해야 한다고 주장한다. 사회 운동가들을 '범죄자'라 칭한 적도 있다. 미국 경제학자 머리 로스버드(1926~1995)는 이런 정치 노선을 '우익 포퓰리즘'이라 불렀다. 밀

(1) 'En la presidencia de Macri, la "lluvia de inversiones" fue menos de la décima parte de los dólares que ingresaron por endeudamiento', 2020.1.22., www.infobae.com

(2) 'Mercado de cambios, deuda y formación de activos externos 2015-2019', 아르헨티나 중앙은행, 2020.5.14.

(3) 'La llamativa definición política de Alberto Fernández: "Soy de la rama del liberalismo progresista peronista"', Clarín, Buenos Aires, 2019.6.19.

(4) 'Según una encuesta, Alberto Fernández tiene la peor imagen entre los dirigentes de la Argentina', 2023.5.31., www.infobae.com

레이는 국가와 본질적으로 부패한 전통 정당들이 만든 '정치 계급'에 '선량한 아르헨티나인들'이 맞서야 한다고 생각한다. 마크리 전 대통령은 자신을 비난하는 이들에 대응하지 않은 사실을 자랑스럽게 여겼지만, 밀레이는 대중의 분노를 한데 모으기 위해서는 저속한 말도 서슴없이 내뱉는다. "나는 격렬히 외친다. 정치 계급이 매일 우리의 미래를 훔쳐가는 것에 지쳤고 분노했기 때문이다."(5)

(5) 'Qué es la casta, la palabra preferida de Javier Milei para cuestionar a todos los políticos', 2023.8.13., www.a24.com

29세 이하의 도시 중산층 · 서민층이 강력한 지지층

화젯거리에 목마른 TV와 라디오에서 돌발 행동으로 일약 스타가 된 경제학자 밀레이는, 팬데믹 시기에 제한조치를 취한 정부가 '감염병 독재 권력'을 만들려 한다고도 주장했다. 실제로 국민을 조롱하는 '특권 계급'이 존재한다는 사실을 드러내는 몇몇 사건이 일어나기는 했다. 봉쇄 조치가 한창이던 2020년 7월 24일, 대통령 관저에서 열린 영부인의 생일파티 사진이 소셜미디어에 퍼졌고, 2021년 2월에는 권력층의 백신 특권 문제가 불거졌다.

아구스틴 라혜, 알바로 시카렐리, 에마누엘 다난, '티피토 에노하도(Tipito Enojado)', '엘 프레스토(El Presto)' 등 유명 인플루언서들은 미디어에 출연한 밀레이의 모습을 널리 공유했다. 이들은 '문화적 마르크스주의'와 전쟁을 벌인다고 말하며 국가, 자연 보호 그리고 페미니즘 운동의 성과를 공격했다.

밀레이의 말에 가장 뜨거운 반응을 보인 이들은, 소셜미디어 사용이 활발하고, 보건 위기로 인한 경제적 사회적 영향을 직접 받은 청년층이었다. 부에노스아이레스 국립과학기술연구협회(Conicet)의 아리엘 골드

(6) Lucía Pereyra, "'Anticasta y libertad": las razones detrás del apoyo de los jóvenes a Milei'", La Nación, Buenos Aires, 2023.1.29.

(7) 'Hay 5,9 millones de chicos pobres en la Argentina; es el 54,2% de los menores de 14 años de todo el país', 2023.3.31., www.infobae.com

(8) 'El 70% de los jóvenes ar-gentinos se iría del país según una encuesta reali-zada por la UBA', 2023.4.4., www.infobae.com

스타인에 따르면 "군사 독재가 끝난 이래, 극우파가 젊은이들에게 이토록 강한 영향력을 미친 적은 없었다." 컨설팅 회사 시노피스의 여론 조사에 따르면(6), 대부분 도시 중산층 또는 서민층 남성인 밀레이의 지지자들 가운데 절반이 29세 이하였다. 프랑스 리토랄 코트도팔 국립대학교의 세르히오 모레시 정치학 교수는, 팬데믹 동안 "국가는 적이 됐다. 그들은 국가가 우리를 돌보고, 보호하고, 돕는다는 진보적인 이야기를 이해하지 못한다. 정상적으로 작동하지 않는 국가만을 경험했기 때문이다"라고 설명했다.

"밀레이는 청년에게 미래 공약을 약속한 유일한 후보"

19세의 후안은 간호사인 어머니 그리고 할머니와 함께 격리 생활을 했다. 인터넷 연결이 원활하지 못한 와중에 비대면 수업으로 고등학교 마지막 1년을 마쳐야 했고, 부에노스아이레스 대학교(UBA)에서 건축학 공부를 시작했지만, 학업에는 결함이 생겼다. 과거에는 스스로 '좌파'라 생각했지만 이제 후안은 밀레이를 지지한다. 자유전진당의 집회에 참여한 후안은 가죽 재킷을 어깨에 걸친 채 "밀레이는 청년들에게 미래를 약속하는 공약을 내세운 유일한 후보다"라고 말했다. 부에노스아이레스 외곽 지역 출신인 후안은 다른 많은 청년처럼 생계를 위해 학업과 일을 병행한다. "아르헨티나에서는 장래 계획을 세울 수 없다." 국립인구통계조사연구소에 따르면 15~29세 청년 가운데 45%가 빈곤 상태에 놓여있고,(7) UBA의 조사에서는 18~29세 아르헨티나 청년 68%가 돈이 있다면 해외로 이민을 하겠다고 답한 것으로 나타났다.(8)

<인플레이션!> 시리즈 중 '예술가 세르히오 기예르모 디아스가 바꾼 지폐', 2022 - 이리나 웨르닝

점점 높아지는 인기에 힘입은 밀레이는 정치적 공세에 나섰다. 정부가 6월 6일까지 봉쇄 조치를 연장한다고 발표한 다음 날인 2020년 5월 20일, '#격리는지긋지긋하다'는 해시태그를 온라인에 퍼뜨리며 시위 참여를 촉구했다. 200명에 가까운 사람들이 수도의 역사지구에 자리한 대통령궁 앞 5월 광장에 모여 들었다. '아르헨티나의 새로운 우파' 탄생의 지표가 된 이 시위는 그 후로도 더욱 확대됐다. 국립과학기술연구협회의 사회학자이자 UBA 교수인 멜리나 바스케스는 상황을 다음과 같이 설명했다. "코로나 봉쇄 조치로 거리 시위가 줄어든 바람에 소수의 반정

부 단체들은 이례적인 주목을 받았다. 젊은 자유지상주의자들은 특권층의 이익을 대변하던 전통적인 우파와는 확연히 다르게, 자신들은 기존의 권위와 규범을 따르지 않고, 서민을 대변하며, 사회와 정부가 널리 받아들이는 사상과 정책에 반대한다고 믿는다. 이런 조건에서 이들의 견해는 점점 더 파괴적으로 변한다."

한때, 아르헨티나 청년층의 정치 참여는 라캄포라가 주도했었다. 라캄포라는 크리스티나 페르난데스와 네스토르 키르츠네르의 아들 막시모 키르츠네르가 2006년 설립한 청년 정치 단체다. 2019년부터 밀레이의 홍보 고문을 맡은 거대 극우 미

디어 그룹의 소유주 페르난도 세리메도는 "좌파는 청년들에게 많은 이야기를 해줬고, 배움을 줬으며, 해방의 도구를 제공했다"고 설명했다. 그러나 라캄포라의 지도자들은 이제 마흔이 훌쩍 넘었고, 새로운 경쟁자와 마주하게 됐다. "밀레이 역시 청년들에게 스스로를 지킬 수 있는 도구를 제공하기 시작했다."

밀레이, "나는 사자들을 깨우러 왔다"

부에노스아이레스의 금융 거래인 아카데미 'N&W Professional Traders'에서 강의를 하는 밀레이는 공원에서 '야외 경제 수업'을 열기도 하는데, 종종 "나는 이곳에 양들을 인도하려고 온 것이 아니다. 사자들을 깨우러 왔다!"고 말한다. 밀레이는 항상 책 한 권을 팔에 끼고 다니며 지지자들에게 독서를 권한다. 덕분에 지지자들 가운데 상당수가 아르헨티나 우익 지식인인 알베르토 베네가스 린츠가 설명한 자유주의의 정의를 기억한다. 아르헨티나 가톨릭 대학교에서 신경 운동학을 전공하는 23세의 호세 마리아 레스카노 역시 망설임 없이 "자유주의란 비침략 원칙(PNA)과 생명 및 자유, 사유재산에 대한 권리 보호를 바탕으로 타인의 인생 계획을 제한 없이 존중하는 것이다"라고 말했다. 그의 목에는 밀레이의 상징인 사자 모양의 펜던트 목걸이가 걸려 있었다.

2021년 17%의 득표율로 국회

<인플레이션!> 시리즈 중 '빈민촌 빌라 31', 부에노스 아이레스, 2022 - 이리나 웨르닝

(9) 'Milei confirmó su postu -lación a Presidente: uno por uno, la lista de sus can -didatos legislativos', Perfil, Buenos Aires, 2023.6.24.

(10) 'Argentine : des manifes -tants dénoncent le négatio -nnisme dans la campagne électorale 아르헨티나: 시위 대가 대선 운동 중 등장한 역 사 부정주의를 비판하다.', RFI, 2023.9.6.

(11) Juan González, 『El Loco』, Editorial Planeta, Buenos Aires, 2023.

의원에 당선된 경제학자 밀레이는 "2023년에는 아르헨티나 모든 지역에서 자유주의 후보가 나올 수 있도록 전국을 돌아다니겠다"라고 발표했다.(9) 청년층 외에도 대통령 당선에 도움이 될 다른 지지자를 얻기 위해 움직이기 시작한 밀레이는, 7월 24일, 아르헨티나 농촌협회(SRA)가 매년 주최하는 박람회에 참석했다. 그곳에서 농산물 업계의 마음을 사로잡고자 "수출 관련 모든 세금을 없애고" 농업 분야의 "소득을 세 배 높이겠다"고 약속해 박수갈채를 받았다. 그런 다음 러닝 메이트인 빅토리아 비야루엘 부통령 후보와 함께, 운동화 차림으로 바닥이 건초로 덮인 전시장들을 돌아다녔다. 빅토리아 비야루엘은 낙태에 반대하는 독실한 가톨릭 신자이

자 반인류 범죄로 기소된 군인의 딸이다. 보수 권력의 상징인 비야루엘은 테러리즘 법률 연구센터를 맡고 있다. 이 센터에서는 군사 독재 시절 자행된 범죄들을 부정하지만, 피해자는 3만 명에 이른다. 9월 4일, 비야루엘은 "극좌파 테러에 희생된 피해자들"을 위한 추모 행사를 열어 인권 단체들의 분노를 샀다.(10)

두 사람의 모습은 흡사 '미녀와 야수' 같다. 우아한 검정 코트를 입고 곧은 자세로 서 있는 비야루엘과, 헝클어진 머리에 입술을 꽉 다물고, 머리를 옆으로 기울인 채 하늘을 바라보며 엄지손가락을 치켜드는 상징적인 포즈로 셀카를 찍고, 동물들에게 말을 걸며 열성 팬들을 즐겁게 하는 밀레이의 엉뚱한 모습은 대조적이다. 또한, 비야루엘은 '전통적인 가족' 형태를 옹호하는 반면, 밀레이는 이미 공개적으로 '집단 성행위'에 참여한 적이 있고 자신이 "탄트라 성행위의 대가"이며 "결혼을 믿지 않는다"고 말했다. 기자인 후안 곤살레스가 본인의 동의 없이 집필한 밀레이의 자서전에 따르면,(11) 독신인 밀레이는 "네 발 달린 자녀들" 즉, 다섯 마리의 잉글리시 마스티프(2017년 사망한 밀레이의 첫 개 코난의 복제 개들)와 함께 산다. 이들 중 네 마리의 이름은 각각 머리, 로버트, 루커스, 밀턴으로 밀레이가 평소 좋아하던 경제학자 머리 로스버드, 로버트 루커스, 밀턴 프리드먼의 이름을 따왔다.

"밀레이는 보수주의 길을 택한 자유경제주의자"

이렇게 시로 다른 두 사람이 어떻게 한 팀이 됐을까? 밀레이는 로스버드의 가르침을 따랐다. 미국의 경제학자인 로스버드는, 자

유주의자들이 정치적 고립에서 벗어나려면 보수적이고 반동적인 세력과 동맹을 맺고 서민층을 공략해야 한다고 주장했다. 골드스타인의 분석에 따르면 "자이르 보우소나르 전 브라질 대통령은 보수주의자였지만, 시카고 대학 출신의 경제학자 파울루 게지스를 경제부 장관에 임명하며 경제자유주의에 더 가까워졌다. 반면 밀레이는 보수주의의 길을 택한 자유경제주의자이다." 밀레이는 비야루엘과의 동맹을 통한 결실을 보고 있다. 스페인의 극우 정당 복스(Vox)와 가까운 비야루엘 덕분에 자유주의자인 밀레이가 국제 극우네트워크와 관계를 맺을 수 있었기 때문이다.

밀레이는 비야루엘과의 동맹 외에도, 정치적 영향력을 부에노스아이레스 너머로 확장하기 위해, (여러 날짜에 걸쳐 진행된) 2023년 지방 선거 전에 지역 보수 정당들에 접근했다. 자칭 '반체제' 후보인 밀레이는, 역설적으로 카바요 전 장관의 대변인이었던 카를로스 키쿠치에게 임무를 맡겼다. 투쿠만 지방에서는 리카르도 부시의 '공화당 세력(FR)'당과 동맹을 맺었는데, 리카르도 부시는 2008년, 독재 정권 당시 저지른 반인륜 범죄로 종신형을 선고받은 안토니오 도밍고 부시의 아들이다. 밀레이는 1994년 안토니오 도밍고 부시의 경제 고문으로 일한 적이 있다. 라리오하에서는 카를로스 메넴 전 대통령의 조카인 마르틴 메넴의 지지를 얻었고, 티에라델푸에고에서는 복음주의 목사이자 열렬한 반페미니즘 주의자인 연합공화당의 라우라 알미론과 가까워졌다.

그러나 대부분 지역에서 이러한 동맹은 실패로 돌아갔고, 자유전진당을 분열시켰다. 아르헨티나 자유주의의 상징적 인물로 꼽히는 백만장자 변호사 카를로스 마스라톤은 "그들은 후보로 내세울 만한 사람들이 아니었다"며 유감스러워했다. 마스라톤은 지방 선거 전에도 밀레이에게 조언을 아끼지 않았고, 자유전진당과 이들 '특권' 정당과의 결합을 곱지 않은 시선으로 바라봤었다.

이 후보들과의 동맹에 반대하며 자유전진당에서 멀어진 많은 사람처럼 마스라톤 역시 후보들이 "그들의 경제적 이익"에 따라 선발됐다고 주장했다. 아르헨티나 사법부는 다수의 고발이 이어지자, 1만 달러에서 10만 달러를 받고 '후보 자리를 판매'한 사건에 대한 조사를 시작했다.(12) 마스라톤은 기자와 만난 5성급 호텔에서 빵에 치즈를 바르며, 자유전진당이 "특권 정당보다 더 최악이다"라며 분통을 터뜨렸다.

그러나 '새로운 우파'의 모순이 밀레이의 인기에 영향을 주지는 않았다.

밀레이는 선거 과정에서 우파에서 새롭게 두각을 나타내는 또 다른 인물인 마크리 전 대통령에 주목하고 있다. 마크리도 브리지(4명이 2명씩 팀을 이뤄서 하는 카드 게임-역주) 월드챔피언십 참석차 모로코로 날아가기 전에 밀레이에게 따뜻한 축하 메시지를 전했다. 과거에는 밀레이가 전 대통령을 '범죄자'라 칭했지만(13) 이제 두 사람은 '유익한 대화'를 나누는 사이가 됐다.(14) 8월 19일에는 밀레이가 자신이 대선에서 승리할 경우, "시장 개방을 위해" 마크리 전 대통령에게 "슈퍼 대사"의 자리를 맡기겠다는 약속도 했다.(15) "똑같은 것으로는 아르헨티나를 변화시키지 못한다"라는 자유전진당의 구호가 무색할 지경이다. **ID**

ID

ID

ID

ID

ID

ID

ID

ID

ID

(12) 'Un escándalo de venta de candidaturas hunde al ultraderechista Javier Milei en Argentina', El País, Madrid, 2023.7.8.

(13) 'Milei hizo enojar a Canosa y le pegó a Mauricio Macri: "Es un delincuente"', El Cronista, Buenos Aires, 2021.6.1.

(14) 'Javier Milei: "Macri me llamó para felicitarme y agradecerme"', Perfil, 2023.8.11.

(15) 'Javier Milei: "Si soy presidente, Macri va a ser mi representante ante el mundo"', 2022.8.19, www.infobae.com

글·안도미니크 코레아 Anne-Dominique Correa
<르몽드 디플로마티크> 기자
불법적인 쿠데타로 축출된 전 에콰도르 대통령 라파엘 코레아의 딸

번역·김자연
번역위원

경제를 지휘하는 군대

다시 군화 소리가 들리는 파키스탄

파키스탄에서는 종교 시설을 표적으로 한 테러 행위가 늘고 있고, 경제 상황과 사회 문제도 악화하고 있다. 하지만 올 초 구속된 임란 칸 전 총리의 지지세력들에 의해 크게 흔들렸던 정치 지도자들과 군 수뇌부의 관심은 오로지 자신들의 권력을 확고히 하는 것뿐이다. 그들은 선거를 통제하며 총선도 2024년 1월로 연기했다.

로랑 게예 ▌CERI 연구책임자

파키스탄의 경제금융 수도 카라치, 해 질 무렵 삼삼오오 모인 시위대가 샤라이파이살 대로로 향한다. 경찰과 싸우겠다는 결연한 표정으로 대나무 막대를 든 사람들, 가족과 함께한 사람들 그리고 많은 여성도 화난 군중 가운데 있었다.

몇 시간 전인 2023년 5월 9일 아침, 임란 칸 전 총리가 부패 혐의로 수도인 이슬라마바드에서 체포됐다. 총리의 지지자들은 거리로 나왔고, 여러 대도시에서 폭력 시위가 발생했다. 카라치에서 만난 시위 참가자들은, 국가를 바로 세우고 부패를 척결할 수 있는 유일한 지도자를 상대로 꾸민 음모라며 분노했다. 최루탄이 발포되는 사이, 임란 칸 전 총리의 파키스탄 정의운동당(PTI) 지지자들은 "진짜 테러리스트들은 군복 뒤에 숨어있다!"라며 자신들의 생각을 대변하는 반군부 구호를 목청껏 외쳤다. 좀 더 적극적인 사람들은, 카라치 군사력의 상징인 육군참모총장 관저를 목표로 삼기도 했다.

비록 카라치의 시위는 공권력 개입으로 좌절됐지만, 파키스탄에서 인구가 가장 많고 가장 많이 발전한 지역이자 파키스탄군의 주요 모병 장소이기도 한 펀자브주의 상황은 달랐다. 파키스탄에서 세 번째로 큰 도시인 라왈핀디에서는 PTI 지지자들이 육군 본부(GHQ)를 습격했고, 펀자브의 주도 라호르에서는 시위대가 지역 군사령관 관저에 불을 지르기도 했다. 언론 검열 때문에 시

위대의 모습은 TV에서 방영되지 못했지만, 인터넷 연결이 차단되기 전, 이미 소셜네트워크서비스(SNS)를 통해 시위 영상은 빠르게 퍼졌다.

파키스탄의 파란만장한 역사에서 군대가 이렇게 직접적인 방식으로 표적이 된 적은 한 번도 없었다. 시위가 진행될수록, 극단으로 치닫는 상황에 대한 두려움이 모두의 마음에 자리 잡았다. 임란 칸 전 총리는 군대 내에 지지세력을 보유하고 있는 것으로 알려졌고, 반란이 일어날 수 있다는 소문이 만연해, 내전 시나리오에도 불이 붙었다. 세계에서 다섯 번째로 인구가 많고, 이슬람 국가 중 유일한 핵보유국인 파키스탄은 위기에 처한 듯하다.

'딥 스테이트' 조직이 주도하는 정치 협상

5월의 시위는 파키스탄에서 가장 강력한 군대라는 기관을 뒤흔들었지만, 결국 군부의 권위적 복귀로 끝이 났다. 이후 몇 달 동안 경찰은 PTI 간부들을 급습했고, 칸 전 총리에 대한 지지 철회를 거부한 이들을 투옥했다. 크리켓 챔피언에서 정치인으로 변신한 칸 총리는 보석으로 풀려났으나, 공적 선물을 불법적으로 판매하고 수익금을 은닉한 혐의로 8월 5일 다시 체포돼 징역 3년 형을 선고받았다. 칸 전 총리는 이번 유죄 판결로 인해 향후 5년간 선거 출마가 금지됐다. 파키스탄에서 가장 인기

있는 정치인이자 PTI당 지도자인 그가 다음 선거에 출마할 수 없게 된 것이다.

　　2023년 11월로 예정된 선거는 2024년 1월 말로 연기됐다. 국회는 임기를 마치고 해산됐고, 2022년 4월부터 정권을 잡은 셰바즈 샤리프 정부를 대신할 과도 정부가 8월 17일 출범했다. 선거관리위원회는 수백 개의 선거구를 재조정하겠다고 발표하며 선거 지연을 합리화했다. 선거가 늦어지면, 군부가 PTI의 적들과 함께 위기에서 벗어날 방법을 협상할 수 있게 된다. 셰바즈 샤리프 현 총리의 형으로 오랜 기간 군부와 불화를 겪고 2019년부터 영국에서 망명 중인 나와즈 샤리프 전 총리의 귀국이 협상에 큰 영향을 미칠 수 있다.

　　사실 이런 상황은 파키스탄 정치무대에서는 새로운 일이 아니다. 1977년 줄피카르 알리 부토 총리 정권이 무함마드 지아 울하크 장군에 의해 전복된 이후, 베나지르 부토 총리(1988~1990, 1993~1996), 나와즈 샤리프 총리(1990~1993, 1997~1999, 2013~2017) 그리고 칸 총리(2018~2022) 등 강한 개성을 가진 정치 지도자들이 군대에 맞서려 했었다. 국민의 지지를 확신한 이들은 국가기구, 즉 군대와 정보기관은 물론, 사법부와도 힘겨루기를 했다.

　　그러나 이들은 권력 싸움에서 하나같이 패배했고, 공직 출마 금지 명령과 함께 감옥에 갇히거나 망명을 택했다. 갈등은 매번 육군참모총장과 정보부(ISI) 부장 임명에서 시작됐고, 칸 전 총리도 예외는 아니었다. 자신의 측근들을 ISI 수장과 육군참모총장으로 앉히려는 시도를 반복해 스스로 몰락을 부추겼고, 결국 2022년 4월 국회에서 불신임안이 통과돼 총리직에서 물러나게 됐다.

　　늘 그렇듯이, 파키스탄에서 정치 지도자의 실각은 새로운 정치 동맹을 만들기 위한 협상으로 이어진다. 이러한 협상은 파키스탄에서 '딥 스테이트(군대와 군대의 강력한 정보기관)'라 불리는 조직이 주도하고, 군대와 군대의 이익을 지지하는 정치인들이 새로운 동맹을 구성한다. 나와즈 샤리프 본인을 비롯해 지아 울하크 장군의 총애를 받던 이들이 1993년 창당한 '파키스탄 무슬림 연맹 나와즈파(PML [N])'는 군사 권력과의 협력과 협약에 익숙하다. 정당 지도자들이 군부의 동의 없이 독자적인 행동을 했을 때는 장군들의 분노를 사기도 했지만 말이다.

　　최근 위기를 통해 여당의 기회주의가 드러났는데, 이는 본의 아니게 군사 권력에 유리한 상황을 만들어줬다. 지난 5월 칸 전 총리의 체포 이후 확산한 폭력 시위로 군대는 심각한 위기를 맞닥뜨렸고, 그래서 PML(N)이 이끄는 집권당 연합이 우위를 점할 수도 있었다.

　　하지만 그런 일은 일어나지 않았다. 오히려, 정부는 서둘러 군대를 전폭 지원했고, 군대에 가해진 모욕을 씻어낼 수 있는 자유로운 권리까지 부여했다. 셰바즈 샤리프 총리는 폭동에 연루된 혐의로 기소된 민간인 100여 명을 군사법원에 회부하는 것을 승인했다. 또한, 임기 막

SELÇUK

바지에는 정보기관의 권한을 강화하고, 군대의 기반시설과 이익 심지어 이미지에 해를 입히는 행위를 범죄로 규정하는 일련의 법안들을 채택했다. 2023년 7월 27일 상원에서 승인한 1952년 파키스탄 군법 개정안에 따르면, 파키스탄이나 파키스탄 군대의 이익에 해를 입히는 정보를 공개한 사람은 징역 5년형에 처하는데, 부패 사건에 대한 공익 제보를 위축시키는 조치라고 할 수 있다. 군대의 명예를 훼손하거나 군대에 대한 증오심을 조장하는 사람에게도 최대 2년의 징역형이 선고된다.

최근 몇 년간 군대가 뒤에서 중재만 하던 '하이브리드 정권'은 이제 과거의 일이 되어버렸다. 아심 무니르 현 육군참모총장은 경제 분야는 물론 정치 분야에서도 유일한 지도자처럼 등장하는 것을 마다하지 않는다. 통화 정책에 직접 개입하고 투기와 밀수, 전력 남용을 퇴치하기 위한 싸움을 시작했으며, 기업가들을 회유하고, 걸프만 국가들로부터 1,000억 달러의 투자를 유치하겠다는 약속도 했다.

국가의 경제 및 금융 정책도 이제 완전히 군부의 감독 아래에 들어갔다. 해당 분야의 모든 중요한 결정은, '특별 투자 촉진 위원회(Speical Investment Facilitation Countil)'라는 최고 기관의 승인을 받아야 하는데 이 위원회는 군부가 관리한다. 이 위원회는 연방 부처들은 물론 지방 당국들의 역할까지 대체하는데, 2010년 이후 실시한 지방분권화 절차에도 문제를 제기했다. 이렇게 경제 정책 수립과정에서 군대의 역할을 제도화하면, 농경지와 도시의 토지 시장, 수자원과 광물 자원 분야, 심지어 에너지 부문과 인공 지능 부문까지 군부가 넘볼 수 있다.

군부, 무기판매와
IMF 대출로 지배력 유지

1980년대 이후 외교 및 전략 문제에 영향력을 집중했던 군대는 이제 경제 정책까지 지휘하며 자신들의 이익을 보호한다. 군대는 계속해서 커지고 있는 거대 금융 제국의 수장이다.(1) 공로가 있는 장교들을 포상한다는 미명 아래 농경지와 도시의 토지를 독차지하고, 이들 토지를 활용하거나 고급 부동산 사업을 관리하며 상당한 수입을 얻는다. 공식적으로는 퇴역 군인과 그 가족을 위한 복지 활동을 담당하는 재단들 특히, 육군이 운영하는 파우지 파운데이션(Fauji Foundation)과 아미 웰페어 트러스트(Army Welfare Trust)는 각각 수십억 달러 규모의 자산을 관리하며, 파키스탄 내 최대 산업 그룹의 형태를 갖추게 됐다.(2)

군부는 자신의 이익을 확보하는 것 외에도, 전략 산업 부문들(외화 수입의 60% 이상을 창출하는 섬유산업 포함(3))을 보호하고, 해외 자본 출자자에 대한 재정적 의존도를 관리하며, 어떤 대가를 치르더라도, 이들의 요구를 이행하는 것을 목표로 삼았다. 1950년대 말부터, 군인들은 국가의 취약한 조세 자원을 보완하기 위한 재정 의존도 협상에 능숙해졌다. 이런 외향적인 협상의 기술은 오늘날에도 유효하며, 국내에서도 큰 영향을 미친다. 온라인 뉴스 사이트 〈디인터셉트(The Intercept)〉는 파키스탄과 미국 소식통을 통해, 최근 미국이 파키스탄이 우크라이나에 군사 장비를 판매하는 대가로, 국제통화기금(IMF)에서 추가 대출을 받을 수 있도록 도왔다고 밝혔다. 이러한 군사직 협력은 (1970년대 이후 아프가니스탄 분쟁 때와 마찬가지로) 외부 갈등을 이용해 내부 지배력

(1) Ayesha Siddiqa, 'Mainmise des militaires sur les riches-ses du Pakistan 부를 통제하려는 파키스탄 군부', <르몽드 디플로마티크> 프랑스어판 2018년 1월호.

(2) Ayesha Siddiqa, 『Military Inc. – Inside Pakistan's Mili-tary Economy』, London, Pluto Press, 2016 (2차 개정판).

(3) Laurent Gayer, Fawad Ha-san, 'Au Pakistan, un capi-talisme à main armée 파키스탄, 무기를 든 자본주의의 폭력', <르몽드 디플로마티크> 프랑스어판 2022년 12월호, 한국어판 2023년 2월호.

을 확고히 하는 군부의 능력을 다시 한번 보여줌으로써 PTI를 억압하는 데에도 도움이 됐을 것이다.(4)

우크라이나와 러시아의 분쟁에서 공식적으로 중립을 유지하고 있는 파키스탄은 이 기사의 내용을 강력히 부인했기 때문에, 정확한 정보는 확인이 필요하다. 하지만 확실한 사실은, IMF의 지원금 30억 달러(약 4조 680억 원) 덕분에 군인들은 잠시나마 안도할 수 있었고, 이 기회를 이용해 다시금 난폭한 방식으로 국내 문제들을 통제하기 시작했다는 점이다. 그러나 미국과 유럽 국가들은 별다른 이의를 제기하지 않았다.

그래도 확산되는
사회적 갈등과 대규모 시민불복종

새로운 구제 금융 계획 덕분에 파키스탄의 국고는 다시 채워졌지만, 인플레이션(2023년 8월, 연간 인플레이션 비율이 30%에 가까워졌다)과 전반적인 경제성장 둔화로 큰 타격을 입은 이 나라에서 사회적 갈등이 촉발할 가능성은 매우 크다. 국내총생산(GDP) 성장률은 1년 만에 6.1%에서 0.3%로 떨어졌고, 루피화의 가치는 30% 하락했으며, 이로 인해 수입품 특히 석유 가격이 상승했다. 제조업은 물론이고 서비스 분야에서도 대규모 해고가 이뤄지고 있다. 이는 특히 섬유 분야에서 두드러지는 현상인데 2022년 이후 수백만 명의 노동자가 해고됐지만, 대부분은 그 어떤 금전적 보상도 받지 못했다.

이런 위험한 상황에 기름을 들이붓기라도 하듯 가스와 전기 요금까지 치솟아, 상인과 기업들은 물론 일반 사용자까지 분노하기 시작했다. 사실, 에너지 가격 재인상은 IMF에게 새로운 구제 금융을 받는 대가로 협상한

조건 중 하나였다. 이에 따라 셰바즈 샤리프 정부는 가스 요금을 50% 인상하겠다고 약속했고, 전기 요금은 이미 1년 만에 76%나 치솟았다. 하루 최대 16시간까지도 정전이 지속하는 상황에서, 일반 이용자들은 물론 보조 발전기를 써야 하는 기업가 입장에서도 에너지 비용 부담 증가는 받아들이기 힘들다.

대중의 분노가 공개적으로 나타나기 시작한 것은 9월 초부터다. 파키스탄 북동부 아자드 카슈미르주에서 시작한 대규모 시민 불복종 운동은 주요 도심으로 확산하며, 시민들에게 더는 전기 요금을 내지 말 것을 독려하고 있다. 라호르, 라왈핀디, 카라치, 퀘타, 페샤와르에서는 상인, 기업가, 개인들이 모여서 청구서를 불태우고 도로를 봉쇄하는 등항의 시위를 벌였는데, 시위는 때때로 폭동으로 번지기도 했다.

현재, 국가에 대한 신뢰를 상실한 수많은 파키스탄 국민은 '출국'을 택하고 있다. 기후변화의 직격탄을 맞고 있는 나라에서 정치, 경제, 환경 위기가 누적되면 완전한 집단 탈출이 시작된다. 전 세계적으로 2023년 상반기에만 80만 명이 넘는 예비 망명 신청자들이 더 나은 삶에 대한 희망을 품고 자국을 떠났다. 하지만 많은 이들에게 그 희망은 비극적인 결말로 끝이 날 것이다. 2023년 6월, 이주민들을 태운 어선이 그리스 해안에서 침몰했다. 이 사고로 수백 명이 목숨을 잃었는데 희생자 중 약 300명이 파키스탄 국적자였다. **ID**

(4) Ryan Grim, Murtaza Hus-sain, 'US helped Pakistan get IMF bailout with secret arms deal for Ukraine, leaked documents reveal', <The Intercept>, 2023.9.17. https://theintercept.com

글·로랑 게예 Laurent Gayer
파리정치대학 국제연구소(CERI) 연구책임자. 저서로 『Le Capital-isme à main armée. Caïds et patrons à Karachi 무기를 든 자본주의. 카라치의 두목들』(CNRS Éditions, Paris, 2023.)가 있다.

번역·김자연
번역위원

훈 센의 영광을 위한 수도

프놈펜, 뒤죽박죽된 도시 개발

훈 센 캄보디아 전 총리는 아들인 훈 마넷에게 권력을 넘기기 전, 신중히 선택한 민간 개발업자들과 함께 수도 재건설을 강행했다. 중산층은 새로운 상황에 최선을 다해 적응했지만, 빈곤층은 그럴 수 없었다

크리스틴 쇼모 ▌〈르몽드 디플로마티크〉 특파원

옌 야트는 걱정을 한시름 덜었다. 도로를 양옆으로 10m씩 확장하는 공사에서 그녀의 200살 된 나무는 무사할 것이다. 공사장 인부들은 나무뿌리가 공사에 영향을 받지 않을 것이라고 말했다. 60대인 옌은 나무 그늘 밑 대나무 평상에 앉아 집 앞에서 바쁘게 돌아가는 세상을 지켜보고 있다.

이 집에는 네 가족이 마당 하나를 공유하며 산다. 수도 프놈펜의 변두리 지역인 이곳 스로크 체크에는 정원에 둘러싸인 집이 대부분이다. 옌 야트는 건너편 터에 세워진 '매매' 표지판을 가리켰다. 1,328m^2의 땅을 60만 달러(약 8억 원)에 내놓았는데, 1m^2당 450달러(약 60만 원) 꼴이다. 1m^2당 5,000달러인 도심에 비하면 아무것도 아니다. "어떤 사람이 와서 우리 집을 100만 달러에 사겠다고 했다. 그런데 집을 팔면 나는 어디로 가겠는가?" 옌이 쓸쓸하게 웃었다. 마을 근처에 있던 논들은 사라졌고, 우기가 되면 물을 머금는 거대 인공습지에는 물이 가득 고였다.

농사를 짓고 고기를 잡던 주민들은 이제 다른 일을 한다. 옌 야트의 가족도 음료와 음식을 파는 작은 가게를 운영한다. 건설 현장에서 일하는 인부들이 단골손님이다. 옌의 조카는 "도시가 조금씩 확장되더니 우리 동네까지 왔다"고 말했다. 실제로, 프놈펜의 규모가 바뀌었다. 2005년, 4개 도심 구역에 160만 명이 살던 이 도시는, 2019년 조사에 따르면 면적이 692km^2에 이르고, 16개 구역에 210만 명 이상이 거주한다.

사람들이 프놈펜으로 오는 이유는 학업과 직장 생활을 위해서다. 프놈펜 주민 1인당 소득은 90만 3,000리엘(약 28만 원)로 농촌 지역 주민 소득 45만 2,000리엘보다 두 배가량 많다.(1) 이 도시에는 메콩강 홍수와 그로 인한 침수에 대비하기 위해 20세기 초에 지은 제방 도로가 사방으로 다리를 뻗은 문어처럼 가득 들어차 있다.

톤레사프강 제방들 사이에 있는 중앙 우체국, 와트 프놈, 왕궁, 중앙 시장, 거의 훼손되지 않은 건축 문화유산을 제외하고 대부분 지역의 풍경은 변화했고, 건물의 층수는 점점 많아졌다. 2008년 건축된 32층짜리 캐나디아 은행 건물은 2014년까지 수도에서 가장 높은 곳이었다. 2년이 지나고, 프놈펜 시민들은 고층 건물의 수를 세는 것을 포기했다. 너무 많은 고층 빌딩이 들어섰기 때문이다. 보엥 켕 캉의 나무집과 정원들은 사라지

(1) 'Final report of Cambodia socio economic survey 2021', 캄보디아 통계청

<다이아몬드 아일랜드. 캄보디아의 초현대식 파라다이스> 시리즈 중,
프놈펜 동남부, 메콩강과 바사크강 합류부에 위치한 '코 피츠(다이아몬드 섬)', 2016 - 모르간 파슈

고, 그 자리를 높은 호텔과 콘도, 세련된 건물의 카페와 상점들이 대체했다.

프놈펜의 현대 건축을 지휘하는 훈 센 전 총리

1953년 독립 이후 노로돔 시아누크 국왕(1922~2012)이 추진한 도시 개발의 상징이라 할 수 있는 올림픽 경기장의 모습도 잘 보이지 않는다. 35층짜리 타워 2개 동으로 이뤄진 스카이 빌라 그리고 고급 사무 및 주거 단지인 올림피아 시티가 경기장 주변에 들어서 올림픽 경기장을 사람들의 시야에서 완전히 가로막았다. 올림픽 경기장은, 르 코르뷔지에의 제자이자 새로운 크메르 건축 양식을 고안한 건축가 반 몰리반의 작품으로, 독립을 기념하는 건축물이다. 영국 노팅엄 대학교의 스테파니 벵자켕코티에 부교수는 "경기장은 과거의 장소로 보존되고 있지만, 캄보디아의 내일을 상징하는 고급 고층 빌딩들에 비하면 보잘것없어 보인다"고 말했다. 캄보디아의 수호신 같은 인물이자 독립의 아버지라 할 수 있는 시아누크 국왕을 조롱하는 듯한 변화다.

현대 건축을 지휘한 이가 다름 아닌 훈 센 전 총리였기 때문에 그렇다. 전 총리는 옛 국왕처럼 자신의 유산을 도시의 모습에 새겨 넣었다. 크메르 루주 부대의 부지휘관으로 일했던 그는 1977년 베트남으로 도피했다가, 크메르 루주 지도자인 폴 포트와 그 세력을 전복시킨 베트남군과 함께 돌아왔다. 1985년 34세의 나이로 총리에 임명된 훈 센은, 올해 7월까지 총리직을 오랫동안 지켰다.

정치분석가이자 캄보디아 싱크탱크 '미래 포럼(Future Forum)'의 대표인 우 비라크는 "그는 실용주의를 앞세워 모든 시대를 넘나들었다"라고 평가했다. 냉전 시대에는 친베트남 성향의 정부 수반이었고, 1990년대 초 유엔 개입하에 치러진 선거에서는 패배했던 훈 센 전 총리는 유혈 쿠데타로 권력을 독점하며 모든 정치적 숙

적을 제거했다. 그는 이와 함께 2012년 세상을 떠난 시아누크 국왕의 후계자 노로돔 시하모니 국왕을 소외시켰다.(2)

2021년 빈곤국에서 벗어난 캄보디아

71세의 이 독재자는 프놈펜이 자신의 성공을 기억하고 보란 듯이 드러내고 있어야 한다고 믿는다. 자신이 크메르 루주 독재 정권을 물리치고, 캄보디아의 평화를 확립했으며 경제를 되살렸기 때문이다. 실제로, 2021년 캄보디아 1인당 연간 국민총소득이 1,612달러를 기록해 캄보디아는 세계은행이 분류한 빈곤국 목록에서 벗어나 중하위 소득 국가 목록에 이름을 올렸다.

2017년 완공된 폭 70m짜리 긴 대로도, 캄보디아 정부가 세계 최대 규모라 자랑하는 2025년 개항 예정인 프놈펜 신공항도 훈 센 전 총리의 이름을 갖는다. 도심의 관청 건물들도 특정 권력을 표현한다. 전 총리가 황금으로 장식된 왕좌에서 외국 대표단을 맞이했던 평화 궁전처럼 말이다. 노로돔 대로에는 새로운 내무부 청사 건축 공사가 진행 중이다.

건축가 케오 말리카에 따르면, "100년간 자리를 지킬 예정인" 해당 건물의 값은 6,000만 달러다. 캄보디아 인민당(CPP)의 웅장한 본부 역시 최근 보수작업에 3,000만 달러가 소요됐다. 과거의 공산당은 이제 세

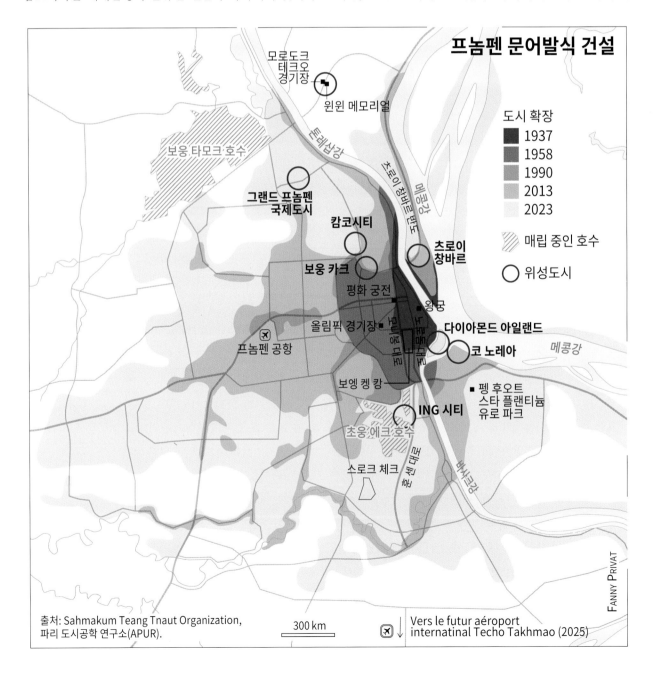

출처: Sahmakum Teang Tnaut Organization,
파리 도시공학 연구소(APUR).

300 km

Vers le futur aéroport
internatinal Techo Takhmao (2025)

FANNY PRIVAT

계 기독교 민주주의 정당 연합체인 국제 중도 기독교 민주주의 모임에 가입했고, 정치 이념보다는 금전적 이익을 더 많이 따른다. CPP는 국가 기관들과 동등하게 도시 풍경의 일부가 됨으로써 정치 무대에서 핵심이 되고자 하는 염원을 드러내고 있다.

2022년 1월 31일 연설에서, 훈 센 총리는 1,600채의 건물이 지어진 것을 자랑스럽게 이야기했다. "1979년 1월 7일에는 7층짜리 건물들뿐이었지만 오늘날에는 50층짜리 건물들도 존재한다." 총리가 아무 날짜나 언급한 것이 아니다. 이날은 크메르 루주 정권이 붕괴한 날이다.

부패국가 순위 150위, 모든 행정기관에 부패의 고리

독재자의 야망은 2000년대 초, 외국 투자자들의 관심에 힘입어 더욱 커졌다. 높은 경제 성장률(2009~2019년 연평균 7%)과 저렴한 부동산 가격, 값싼 건축 비용 그리고 유연한 규제들은 이웃 아시아 국가 두 곳의 자본을 끌어들였다. 인도네시아 기업 치푸트라(Ciputra)는 프놈펜의 첫 '위성도시' 그랜드 프놈펜 국제도시에 6억 달러를 투자했다. 이후, 캄보디아 정부는 한국 컨소시엄과 함께 부산 저축은행이 자금을 대는 캄코 시티 사업도 추진했다. 119ha 면적에 15년간 총 20억 달러를 투입해 개발할 예정이었던 이 사업은 부산 저축은행의 파산으로 중단됐고, 한국인 예금자 3만 8,000명이 피해를 입는 결과를 낳았다.(3) 싱가포르, 일본 그리고 중국도 캄보디아에 투자한 바 있다.

대개 불법적인 목재 및 보석 판매, 토지 독점 등을 통해 부를 축적한 전 총리의 측근들과 CPP 임원들은 부동산 분야에 몰려들어 부를 재창조해냈다. 몬트리올 대학교의 가브리엘 포보에 따르면 "인맥 자본주의가 행해지고 있으며, 모든 행정기관에 부패의 고리가 자리 잡았다." 국제투명성기구의 2022년 부패국가 순위에서 캄보디아는 전체 180개국 가운데 150위를 차지했다.

부동산 투기를 부추기는 또 다른 요인은 중산층이다. 부동산 투기로 노후준비나 의료비용 대비가 가능하기 때문이다. 어떤 이들은 땅을 사고팔며 돈을 벌었다. 땅은 가치가 있지만, 건물은 그렇지 않다. 1990년대 파리 평화협정 체결 직후부터 프놈펜 외곽지역 주요 도로변에서는 울타리에 둘러싸인 공터를 쉽게 볼 수 있었던 이유도 그 때문이다. 땅값이 오르길 기다리며 땅을 비워둔 것이다. "어머니가 30년 전부터 부동산 투기를 한 것을 내가 비난하면, 어머니는 내가 해외에서 유학한 돈이 어디서 나왔겠냐고 반박하신다. 프놈펜에는 우리 어머니 같은 어머니들이 수천 명 존재한다." 부동산 개발업자 소티의 이야기다. 포보는 "수도의 땅값 및 집값이 20년 동안 평균 세 배 올랐다. 반면, 도시 외곽지역 땅은 1990년대에 m²당 몇십 달러에서 현재 수백, 수천 달러에 이른다"고 덧붙였다.(4)

앙코르를 건국한 왕들의 방식대로

뒤죽박죽인 도시 개발은 현지 컨소시엄과 전 총리의 측근들에게 이득이다. 2010년대 초부터, 수도의 도심지구 12%에 해당하는 8,000ha의 토지가 이들에게 양도됐다. 양도받은 토지의 정비도 이들 몫이다. 이러한 대규모 양도 덕분에 "비용을 절약할 수 있다"고 시청 담당자는 설명했다. 이는 훈 센 전 총리가 여전히 통치를 지속할 수 있는 방식이다. 캄보디아 민간인에게 부여되는 최

(2) Christine Chaumeau, 'Le rêve monarchique du premier ministre cambodgien 군주 정치 꿈꾸는 캄보디아 총리', <르몽드 디플로마티크> 프랑스어판 2018년 7월호, 한국어판 2018년 8월호.

(3) Yoon Young-sil, 'S. Korea Seeking to Retrieve 650 Bil. Won Loans Locked in Camko City Project', <Business Korea>, Seoul, 2019.9.27.

(4) Gabriel Fauveaud, 'Géographies de la spéculation et urbanisation du capital dans le sud global : une perspective à partir de Phnom Penh au Cambodge 개발도상국 내 자본의 투기 및 도시화에 관한 지리적 연구: 캄보디아 프놈펜에서 바라본 관점', Annales de Géographie, N°746, Paris, 2022.7-8

고 작위 '옥냐(Oknha)'를 가진 이들에게 도시의 어느 부분을 할당할지 정하는 것도 전 총리다. 정권과 가까운 사업가들을 지정하는 것처럼 말이다.

도심 역사지구에서 북쪽으로 30km, 서쪽으로 톤레사프강, 동쪽으로는 메콩강을 끼고 있는 츠로이 창바르 반도의 땅 1,300ha도 훈 센 전 총리의 자문관이자 수상한 분위기를 풍기는 사업가인 상원의원 리 용 파트에게 맡겨졌다.(5) 이곳에는 골프장, 동물원, 고급 호텔과 아파트, 쇼핑센터 등이 조금씩 모습을 드러내고 있다. 대로를 사이에 둔 두 기념 건축물이 이 구역을 대표하는데, 하나는 2023년 5월 동남아시안 게임 개최를 위해 중국이 건축하고 기부한 새로운 경기장이다. 6만석 규모의 경기장은 '강자의 유산'이라는 뜻의 '모로도크 테크오'로 명명됐는데, 이는 훈 센 총리를 부를 때 반드시 사용해야 하

(5) Clothilde Le Coz, 'The canes of wrath', South East Asia Globe, Phnom Penh, 2013.5.10.

는 존칭의 축약형이다. 그 앞에는 원원 메모리얼이 있다. 2018년 문을 연 이 현대 신전은 앙코르 시대의 건축 양식과 사회주의 시대의 브루탈리즘이 섞였는데, 평화를 이루기 위해 옛 크메르 루주들의 사회 복귀를 허락한 정권의 일명 '윈윈 전략'을 기념하는 건축물이다. 벽면에 저부조 기법으로 조각된 인물들 가운데 훈 센 전 총리의 모습이 가장 크게 두드러진다.

그는 앙코르 시대에 도시를 건설한 왕들처럼 스스로 자신의 전설을 쓰고 있다. 돌에 새긴 조각품들은 훈 센의 정치적 혜안과 성공을 찬양한다. 미술사학자이자 문화이론가인 벵자켕고티에는 이렇게 말했다. "노로돔 시아누크 국왕의 논리와 오늘날 작동하는 논리는 너무도 유사하다. 시아누크 국왕의 시대처럼, 새로운 국가 서사의 초석이라 할 수 있는 기념비와 경기장이 세워졌다. 이 두 기

<다이아몬드 아일랜드, 캄보디아의 초현대식 파라다이스> 시리즈 중, '러브 가든', 2016 - 모르간 파슈

<다이아몬드 아일랜드, 캄보디아의 초현대식 파라다이스> 시리즈 중, 코 피츠 공사 현장 노동자들을 위한 임시 숙소, 2016 - 모르간 파슈

넘물 주위에 있는 리 용 파트 상원의원의 '위성도시'는 중산층 중심의 캄보디아라는 새로운 비전을 만들려는 시도의 일환이다."

중산층 성공의 징표, '보레이' 주택단지

NGO에서 일하는 30대의 팔리는 가족과 함께 이곳에서 살기로 했다. 팔리의 빌라는 경기장에서 북쪽으로 몇 km 떨어진 곳에 지어지고 있다. "광고에 나온 홍보 문구이긴 하지만 우리는 약간의 행복을 샀다"고 그녀는 농담조로 말했다. 팔리는 집을 계약하고 1년이 지났을 때 이미 집값이 두 배로 뛰었다고 강조했다. 팔리가 느끼는 또 다른 장점은, 비슷한 사람들과 함께 살게 될 것이라는 점이다. 노동자들이나 '툭툭' 운전기사들 같은 이웃들과의 소란스러운 일상은 이제 끝이다. 최근 캄보디아 중산층은 도심 외곽에 위치한 '보레이'라는 단독주택 단지로 이주하는 경향이 두드러지는데, 그녀 역시 사회적

성공의 징표로 중산층에 합류했다.

'윈윈', '엘리트'처럼 거창한 이름을 가진 보레이 단지들은 담장으로 둘러싸이고, CCTV가 설치돼 있으며 경비원이 지킨다. 수도 남쪽의 펭 후오트 스타 플랜티늄은 보레이 중에서도 최고급으로 손꼽히는데, 유로 파크라는 단지 내 여가 시설도 뛰어나다. 그곳에는 런던 타워, 에펠탑, 시드니 오페라 하우스, 베니스의 수로와 곤돌라가 미니어처로 만들어져 있다. 이곳 거주민들은 바깥에 나갈 일이 거의 없다. 학교, 상점, 체육관, 식당 등 모든 게 단지 안에 마련돼 있기 때문이다. 주민들은 단지 안에서 자신들만의 새로운 사교 네트워크를 만든다.

정권이 승인한 민간 컨소시엄이 도시개발 진행

익명을 원한 한 건축가는 "보레이들은 도시 네트워크에서 분리된 파생물이다"라고 말했다. 예를 들어, 만약 어떤 단지가 배수로를 침범하는 경우, 해당 지자체는 배

수 흐름이 느려지는 위험을 감수하더라도 하수관의 우회로를 마련해야 한다. "지자체의 기술부서에서 이런 문제를 관리해야 하는 이상한 상황에 놓이게 됐다. 공공부처는 민간 업체들과 협상할 수 있을 만큼 강력한 위치에 있지 않다. 대부분의 경우, 공권력은 민간사업을 방해하지 않기 위해 존재한다"고 포보가 덧붙였다.

2015년에 채택한 20개년 마스터플랜에도 불구하고, 도시 개발은 정권이 승인한 민간 컨소시엄이 원하는 속도로 진행된다. 포보는 이를 '그림자 도시계획'이라 표현했다. 익명을 원한 또 다른 서양 건축가는 "프놈펜의 지도를 최신 상태로 유지하는 건 불가능한 일"이라고 말했다. 시청 공무원의 업무 속도보다 건설은 더 빨리 진행되기 때문이다. 새로운 구역들은 레고 블록처럼, 민간 프로젝트에 따라 땅에서 갑자기 솟아오르고, 서로 동떨어진 곳에 들어서며 도시의 통일성을 해친다.

도심의 고층 아파트는 대부분 거주민 없이 비어 있다. 프놈펜에서 아파트 구매는 투자다. 부유한 캄보디아인들뿐만 아니라 신실크로드 정책에 따라 캄보디아에 온 중국 고객들을 위한 투자다. "코로나 이전에는 여행사에서 이 구매자들을 위한 단기 체류 상품들을 준비했었다"고 포보는 설명했다.

물론, 쿠옹 스렝 프놈펜 주지사가 2019년에 다음과 같은 글을 쓰기도 했다. "녹색 도시로서 매력을 보존하고, 동남아시아의 진주라는 위상을 유지하기 위해, 프놈펜은 지속 가능한 도시 개발을 보장하고, 자연재해를 예방 및 통제할 수 있는 전략적 계획과 도구를 갖춰야 한다."(6) 그러나 면적이 3,000㎡를 넘어서는 투자 계획은 자체 예산 없는 지자체가 관리할 수 없다. 모든 것은 도시개발부, 내각 아니면 총리실에서 결정한다.

왕조의 전환

1996년, 훈 센 캄보디아 총리는 자신의 장남 훈 마넷에게 이렇게 말했다. "내가 물러나면 네가 내 뒤를 이을 것이다."(1) 당시 19세의 청년이었던 훈 마넷은 미국 육군사관학교에 막 입학한 참이었다. 27년 후, 아버지는 약속을 지켰다. 지난 8월 22일, 훈 마넷은 아버지의 뒤를 이었다. 훈 마넷의 총리 취임은 정치 권력에 있어 캄보디아 인민당(CPP)의 확고한 기반과 정치 및 경제 기관들에 대한 이들 가문의 영향력을 여실히 보여주었다. 지난 7월 23일 선거에서 인민당은 전체 125석 가운데 120석을 차지했다. 2017년 이후, 정치적 반대파들을 제거하거나 추격해온 상황에서 이런 승리는 전혀 놀랍지 않다. 유일한 야당이었던 촛불당은 선거 참여가 허락되지 않았다. 인민당의 강력한 맞수였으나 2017년부터 활동이 금지된 캄보디아 구국당(PSNC)의 켐 소카 전 대표는 가택연금 27년형을 선고받았고, 공동 창립자인 현재의 부대표는 해외망명 중이다. 다른 당원 삼십여 명도 감옥에 갇힌 상태다.

유엔 특별 보고관은 지난 7월에 있었던 선거가 "매우 불공정했다"고 평가했지만, 선거에 정당한 야당 후보가 출마하지 않은 것은 캄보디아 내에서 별다른 반응을 일으키지 않았다. 정부가 표현의 수단들을 검열하고 언론의 입을 막기 때문이다. 지난 2월, 훈 센 총리는 캄보디아의 인권 침해를 조명한 최후의 공간이었던 독립언론사 '민주주의의 소리(VOD)' 폐쇄 명령을 내렸다. 캄보디아 싱크탱크 '미래 포럼'의 정치분석가이자 대표인 우 비라크에 따르면 "캄보디아 국민들은 어느 정도 체념한 상태다. 다른 정치적 대안이 없기 때문에 현재 상황을 받아들이는 것뿐이다. 국민들은 기존의 정치 체제 안에서 실현 가능한 것으로 만족한다. 정치적 안정을 깨뜨리는 행동은 절대 생각조차 하지 않는다. 이런 상황은 인민당에게는 매우 유리하다."

군주제를 꿈꾸는 훈 센 전총리

스웨덴 룬드 대학교의 연구원 아스트리드 노렌닐손은, 캄보디아 인민당이 대중의 인기를 얻는데 성공했다고 평가했다. "코로나19와의 전쟁에서 거둔 승리는 젊은 자원봉사 의사협회장인 훈 마넷과 공중보건의인 그의 부인 피츠 찬모니에게 공이 돌아갔다. 2022년 동남아시아 국가연합 정상회의의 개최도 성공적이었다. 덕분에 1년간

높아가는 홍수 위험, 지지부진한 쓰레기 처리

'그림자 도시계획'은 주민들에게 필요한 것이나 기후 위기에 대해서는 신경 쓰지 않는다. 프놈펜 도시개발청은 홍수를 방지하고 '열 배터리'로 변한 도시에 어느 정도의 냉기를 줄 수 있도록 초웅 에크 호수를 최소 500*ha* 이상 남겨둘 것을 권고했다. 하지만 민간 개발업자는 호수 매립을 중단하지 않았다. 2020년 7월 여러 NGO에서 작성한 보고서에서도 결과에 대한 경고만 담겼다.(7) 결국, 150만 명 이상의 주민이 거주하는 여러 구역에 홍수 위험이 증가했다. 프놈펜은 메콩강과 톤레사프강 홍수위 아래에 위치한다. 그래서 장마 기간 배수는 배수로, 펌프, 밸브 네트워크에 의존할 수밖에 없는데, 이 시설들은 꼼꼼한 유지관리가 필수다.

프놈펜 시민들은 매일 3,000t가량의 쓰레기를 배출하지만, 쓰레기 수거는 제대로 이뤄지지 않는다. 이 때문에 하수와 우수가 섞이고, 쓰레기와 인접한 주민들에게는 위생 문제도 생긴다. 프놈펜시는 일본 국제협력기구(JICA)의 지원으로 집수 및 수처리 시설 건설에 착수했다. 하지만 시설 관리에는 여전히 문제가 남아있다. 마찬가지로, 외곽지역에서는 물 공급이 고르지 않다. 수도관망 용량이 도시 확장 속도를 따라가지 못했기 때문이다. 정전 역시 흔해서 더운 계절, 아파트 안에서는 숨이 막힌다.

(6) 『Phnom Penh, extensions et mutations 프놈펜, 확장과 변화』, 프놈펜시, 파리시, 파리 도시공학 연구소(APUR) 공동 발행, 2019.5., www.apur.org

(7) 'Smoke on the water : A social and human rights impact assessment of the destruction of the Tompoun/Cheung Ek wetlands', Cambodian League for the promotion and defense of human rights, Phnom Penh, 2020.7, www.licadho-cambodia.org

---

계속된 대규모 재판과 정치적 반대파들에 대한 유죄 판결에도 불구하고, 지도자들의 정치적 위상과 권위가 높아졌다." 훈 마넷과 그의 남동생 훈 마니는 매우 중요한 유권자층인 청년들의 마음을 얻기 위해 각각 청년 단체를 이끌고 있기도 하다. 캄보디아 국민 중 75%가 25세 이하다.

이렇듯 젊어진 이미지는 왕조의 전환에 도움이 된다. 캄보디아 인민당 주요 지도자들의 자녀 다수가 새 정부에 포함됐다. 정부 각료 28명 중 8명이 퇴임 장관과 친인척 관계에 있다.(2) 내무부 장관과 국방부 장관의 아들들은 부친의 직무를 물려받았고, 훈 마니는 건설부 장관에 임명됐다. 이들은 대부분 서구권 대학에서 공부를 마쳤다.

미국 선더버드 경영대학원의 이어 소펄 교수는 경고했다. "환상을 가지지 말자. 런던에서 안과 전문의 과정을 공부했던 바샤르 알 아사드 시리아 대통령을 기억하자. 새로운 총리는 그가 물려받은 정치 문화 안에서 움직일 것이다. 즉, 가문의 이익을 위해 일하게 될 것이다." 이런 체제는 1990년대, 내전의 전투원들이 충성심과 정치적 지지, 금전을 대가로 호의를 베푸는 특권 계급을 형성하며 만들어냈다. 가문 구성원 간의 결혼은 체제에 대한 충성과 충실함을 보장한다. "그러나 새로이 조종대를 잡게 된 세대는 역사적으로 동지애와 는 아무런 관계가 없으므로 운영 방식을 달리해야 한다."

이런 조건에서 새 정부에 국무장관과 국무차관 직위가 1,422개 신설되고, 이전 정부보다 전체 인원수도 121% 증가한 것은 놀라운 일이 아니다.(3) "모두에게 파이를 보장해 주면 충성심을 얻기에 충분하다"고 익명을 요청한 한 정치 평론가가 말했다. 훈 센 전 총리라는 종석 없이 건물이 서 있을 수 있을까? 2024년 1월, 훈센 전 총리는 명예 상원 의장직을 맡기로 했다. 국왕이 부재중이거나 아플 때 임시 국가원수직을 맡게 되는 것이다. 군주제 야망의 실현이 머지 않았다. ㏚

글·크리스틴 쇼모 Christine Chaumeau

번역·김자연

(1) Ker Munthit, 'Like father, like son : Hun Sen's boy a budding politician', <The Phnom Penh Post>, 1996.1.12.
(2) 공동작성, 'An overview of new ministry leaders and their family and business ties', CamboJA news, Phnom Penh, 2023.8.22.
(3) Khuon Narim, 'New gov't more than doubles secretary and undersecretary of State positions in ministries', CamboJA news, 2023.8.23.

멈춰 선 개발공사 현장

'미래 포럼'의 부연구원 세스 아론사카다는 걱정스러운 마음을 털어놓았다. "부동산으로 수십억을 벌었지만, 그 이익은 누구에게로 갔나? 싱가포르는 호수들을 메웠다가 나중에 다시 인공 호수들을 만들었다. 하지만 우리에게 그럴 돈이 있는가? 어쩌면 우리가 이런 수고를 덜 수 있을지 모른다. 우리보다 발전한 이웃 국가가 한 실수들을 우리가 똑같이 되풀이하지 않도록 노력해보자." 하지만 이미 너무 늦은 것은 아닐까?

캄보디아 최대 부동산 및 도시개발 기업 OCIC의 티에리 테아 부사장은 10년간의 열광적인 도시계획 끝에 이제는 속도를 늦춰야 한다고 인정했다. "국가를 재건한 세대는 전쟁을 겪은 세대다. 빠르게 움직여야 했고, 이웃 나라들을 따라잡아야 했다. 이제 새로운 세대가 나라를 이끈다. 판도가 바뀔 것이다."(박스 기사 참조)

그런데 새로운 지도자들은 수도에 대해 어떤 비전을 갖고 있을까? 세계적인 유행병, 우크라이나 전쟁, 그리고 금리 인상이 발전의 열의를 꺾었고, 중국 고객들은 사라졌다. 도심의 고급 콘도 건물들도 더는 구매자를 찾지 못했다. 공사 현장도 멈췄다. 정부는 지난 4월, 부동산과 건설 분야에 특별 지원을 하겠다고 발표했다. 이들 분야는 국가 경제 성장의 10%를 차지하고, 20만 명 이상이 고용돼 있다.

개발업자 소티는 과열된 엔진에 뿌려진 이 차가운 물 한 동이에 만족한다. "건설을 해야 한다. 돈을 많이 벌기 위해서가 아니라 사람들을 위해서 말이다." 세스 아론사카다 역시 변화를 믿는다. "5년 전에는 토지의 면적과 가격에 대한 이야기밖에 하지 않았다. 하지만 요즘에는 중산층에서 삶의 질과 관련한 새로운 요구가 나오고 있다는 느낌을 받는다."

그는 더욱 인간적인 도시계획을 꿈꾸며 톤레사프강을 따라 이어진 강변을 보행자와 자전거용으로 확보하자는 등의 제안을 했다. 주민들은 하루가 끝날 무렵 톤레사프강 강가에 와서 반대편으로 건너가기 전, 도시가 변화하는 모습을 멀리서 지켜본다. 하지만, 그들의 미래 거대 도시는 언제까지 살기 좋은 곳으로 남을 수 있을까? **ID**

글·크리스틴 쇼모 Christine Chaumeau
역사학자, 마크 블로쉬 센터, 베를린.

번역·김자연
번역위원

프랑크푸르트학파 100주년, 무엇을 해야 하나

올해는 프랑크푸르트 사회연구소가 설립된 지 100주년이 되는 해로, 전 세계 각국에서 학술대회와 발표회, 강연 등을 통해 '프랑크푸르트 학파 100주년'을 기념했다. 비판이론은 우리에게 무엇인가? 비판이론은 현대 사회에, 그리고 우리 사회에 어떠한 의미를 갖는가?

권오용 ▌충남대 사회학과 강사

대량소비사회 속의 상품화 확장

비판이론의 사회 인식은 '후기자본주의(Spätkapi-talismus)'라는 개념으로 집약된다. 후기자본주의 개념은 과거와는 다른 새로운 사회가 등장하고 있음을 인지하고 근본적 변화를 겪은 사회를 규정하기 위한 노력의 산물이었다. 유럽의 파시즘과 미국의 대량소비체제를 모두 경험한 비판이론가들은 자본주의 자체가 새로운 단계로 진입했음을 인식하였고, 실제로 이 체제는 전 세계적으로 확산되어 과거 19세기와는 질적으로 구분되는 20세기 자본주의사회의 도래를 의미했다.

이 새로운 자본주의의 가장 큰 특징으로는 우선 국가가 경제에 직접적으로 개입하지 않으며 시장원리의 작동을 최대한 보장하는 것이 아니라, 경제계획과 정책을 통해 산업투자, 환율 및 물가 관리 등 경제에 대해 전반적으로 개입하는 '개입적 국가'가 되었다는 점이다. 국가의 집중투자를 통해 자본은 산업클러스터로의 발전을 이룩하였으며, 독점대기업에 의한 시장지배가 일반화되었다. 그리고 이 독점대기업의 확대된 생산력을 뒷받침해주는 대량소비사회가 등장하게 되었다. 대량소비사회의 특성인 상품화의 확장은, 문화산업의 발달과 인간관계의 사물화 현상으로 이어지게 되었다. 문화산업과 사물화된 인간관계는 상품에 대한 도착적 태도를 일반화시켜 자발적 체제순응을 강요한다. 그리고 이 '강요된 자발성'은 명백한 폭력적 수단을 통해 체제순응을 강요하던 나치보다 지배체제를 더욱 공고하게 만들었다.

그 결과 후기자본주의 사회는 에른스트 블로흐(Ernst Bloch)가 "비동시적인 것들의 동시성(Gleichzei-tigkeit der Ungleichzeitigen)"이라 불렀던 특성을 갖게 되었다. 파시즘에서 엿보이는 세계 지배에의 전근대적 환상과 초근대적 대량학살 메커니즘의 동시적 존재는 경제적 측면에서 국가에 의한 경제의 개입이라는 중상주의적 요소와 시장의 자유가 동시에 존재하는 형태로 나타났다. 이는 구체적인 일상생활에서도 어렵지 않게 발견되곤 했다. 예를 들어 1968년까지 독일에서는 결혼한 여성이 직장에 다니기 위해서는 남편의 동의서가 필요했다. 근대 자본주의적 생활양식과 여성을 가부장의 소유물로 보는 전근대적 의식이 동시에 공존하고 있었던 것이다.

하지만 현재의 시대는 비판이론의 설립자들이 활동하던 시기와는 구조적인 측면에서 구분된다. 예를 들어 후기자본주의에서 보이는 경제에 대한 전반적인 국가의 개입은 오늘날 명백하게 축소되었으며, 대규모 사업장 중심의 경제구조는 현재의 '유연한' 생산체계와 금융자본의 지배와는 질적으로 다르다. 그렇다면 프랑크푸르트 사회연구소 설립 100주년을 맞는 지금, 우리가 비판이론에서 기대할 수 있는 바는 무엇인가?

문화와 페미니즘 분야로도 확장된 비판이론

비판이론의 가장 두드러진 특징은 사회의 구조적 변화를 감지하고, 그 토대에서 발전했다는 데 있다. 비판이론은 사회의 근본적 변화를 포착하면서도 인간의 해방이라는 근본적 목표에 대한 전망을 잃지 않았으며, 오히려 해방을 방해하는 변화하는 현실에 대한 과학적 인식을 추구했다. 이 변화는 부르주아 시민사회뿐 아니라 그 대안으로 등장했던 공산주의운동 진영에도 적용된다. 이 과정에서 비판이론은 끊임없는 자기성찰을 통해 사회 변혁의 도구로서 이론을 바라보는 전통적인 좌파적 이론과 실천의 결합에서 벗어나면서도 사회의 전체적 변혁을 추구할 수 있는 가능성을 보존하고자 했다. 경제적 신자유주의와 세계화로 대표되는 오늘날은 20세기와는 여러 면에서 질적인 차이를 보이고 있으나, 우리가 이 시대의 질적인 전환 속에서도 인간의 해방이라고 하는 목표를 견지한다면 급속하게 변화하는 사회에 대한 새롭고 의미있는 인식 및 전망도 가능할 수 있을 것이다.

비판이론 특유의 주체와 대상에 대한 변증법적 인식은 1990년대 후반 이래 지속적으로 제기되는 여러 '포스트-' 논의들과 최근 부상한 신유물론적 경향들처럼 근대적 인식방식에 대한 도전들에 대한 효과적인 대응방식일 수 있다. 확실히 현대에 새롭게 등장한 세계적 수준의 문제들은 전통적인 이분법적 세계 인식으로는 해결하기 어려워 보인다. 그러나 우리가 기존의 주체와 대상의 상호관계를 배타적인 이분법에서 매개적인 변증법적 관계로 전환시킨다면, 근대적인 인식론적 구분을 폐기하지 않으면서도 변증법 특유의 '운동' 속에서 새로운 인식의 가능성의 발견을 기대할 수 있다. 변증법적인 관계에서 주체와 대상은 각자의 운동의 속에서 서로를 매개하며 특정한 방향으로 나아가는 모습을 보이기 때문이다. 이외에도 변증법적 주체-대상 인식은 거대이론과 구체적 경험 연구 간의 상호이해에 기여할 수 있다. 변증법적 인식 속에서 이론과 경험연구는 상호 분리되어있지 않으며, 그러므로 양쪽에서 상호이해를 위해 노력할 수 있는 명분을 제시해주기 때문이다.

변증법적 인식은 개별적이고 특수한 분야의 연구를 진행하면서도 전체에 대한 인식의 끈을 놓지 않을 수 있게 해준다. 비록 아도르노는 "전체는 허위(Das Ganze ist das Unwahre)"라 한 바 있지만, 이 문장에서 아도르노는 모든 사태의 마지막에 스스로 등장하는 절대이성이 진실을 구성한다는 헤겔적 입장에 반대하는 것이다. 전체는 지배와 억압을 내재하기 때문에 허위이며, 그러므로 전체에 대한 분석과 연구는 전체에 내재하는 지배와 억압을 드러내기 위해 오히려 적극 권장되어야 한다. 이 관점은 보편성이 특수성 속에서 재확인된다는 비판이론 특유의 관점의 원천이 되며, 비판이론에 근거하여 다양한 구체적 연구들이 기획될 수 있는 가능성을 열어준다. 이미 90년대에 문화나 페미니즘 분야에서 비판이론은 다양한 분야의 연구를 뒷받침할 수 있음을 보인 바 있다.

100주년, 그러나
스스로 성취하지 못한 인간해방

오늘날 구체적 현실에 기초한 비판이론적 사회연구는 어떤 모습을 보이게 될 것인가? 필자는『계몽의 변증법』에서 나타난 전략에 주목하고자 한다. 여기서 호르크하이머와 아도르노는 현 지배체제에 순응적이지 않은, 사회에서 받아들여지지 않고 배제되고 억압되며 망각된 부분들을 밝혀냄으로써 그 속에 도사리고 있는 억압과 지배를 폭로하는 전략을 취했다. 이 전략에서 특히 중요한 것은 이성과 합리성이 배제하는 영역들, 즉 통제하지 못하는 부분을 폭로함으로써 현재의 지배 관계가 사실은 그다지 강력하지 않다는 것을 드러내는 것이다. 두 번째로는 현재의 지배체제에 대해 사람들이 당연하다고 생각하고 있는 상식들이 수립된 근원을 탐색하는 것이다. 이는 '언제나 항상 그래왔다'는 인상을 주는 지배체제의 환상을 깨는 역할을 한다. 무엇인가 시작점이 있으면 종결점이 있기 마련이다. 비판적 인식은 현재 우리가 살아가고 생각하는 방식이 영원히 이어지지 않는다는 관점에서 현재의 불만족스러운 상황을 근본적으로 바꿀 수 있다는 가능성을 제공한다. 이 두 가지 전략은 지배체제를 정당화하는 이데올로기에 대한 비판으로 향한다. 이데올로기는 정신적인 구조물인 점에서 문화적인 것이지만, 그 안에 지배체제를 옹호하는 정치적 목적이 숨어있다. 이에 사회의 문화적 현상에 숨겨진 정치적 의도의 파악과 그에 대한 비판이 시도되어야 할 것이다.

노동과 관련된 사회현상들의 이데올로기적 의미를 추적하는 것은 이러한 비판의 한 실례가 될 것이다. 최근 한국을 비롯한 여러 선진 산업사회에서 '빠른 은퇴'가 화제가 되고 있다. 주식과 부동산, 코인 투자나 도서 및 음악 저작권 등을 통해 '경제적 자립'을 이룬 후, 정년보다 빠르게 은퇴하는 것이다. 2008년 금융위기 이후 미국에서 고학력·고소득 청년층을 중심으로 나타난 소위 '파이어(FIRE, Financial Independence Retire Early)족'의 유행도 이와 비슷한 의미를 갖는다. 이러한 현상은 자본에 의한 강요된 '종속된' 노동에서 벗어나 자아실현을 추구하는, 자본주의 체제의 비인간성에 대한 개인적 저항으로 보이기도 한다. 그러나 빠른 은퇴의 목적인 자아실현에는 노동이 배제되어 있으며, 이들이 추구하는 경제적 자립은 인간다운 생계를 유지할 수 있는 '소비'에 집중되어 있다. 우리는 여기서 노동의 문화적 의미가 자아실현이나 직업적 소명의식이 아닌, 단지 '소비수단을 획득하는 과정'으로 축소되어 있음을 알 수 있다. 의미없는 노동과 그에 대한 보상의 형편없음을 자각하는 행위가 자산투기와 저작권 등 금융자본주의적인 자

산축적이라는 행위로 귀결되는 것이다. 이는 살아있는 노동의 측면을 배제한 채 죽은 노동의 집적물에 집착한다는 점에서 자본이 노동을 다루는 방식과 완전히 동일하며, 그러므로 자본주의적 노동관계에의 저항이 아닌, 체제순응적인 기만이 된다. 개인적으로 필연의 왕국을 벗어날 수는 있겠지만, 동일한 사례가 집단적으로 가능할 것이라 보는 것은 완전히 허구적이다.

비판적 사회연구를 더 활성화시켜야

두 번째로 생각해볼 수 있는 비판이론적 현대사회 연구의 대상으로서 민족주의를 생각해볼 수 있다. 현재 전 세계적으로 유행하는 민족주의는 '종족성(ethnicity)'이 강조된 '종족민족주의(ethnonationalism)'로서, 고전적 정치 이데올로기로서의 민족주의와는 질적인 차이를 보인다. 19세기의 민족주의는 전제군

주와 식민세력 등의 압제에 맞서 싸우기 위한 정치적 운동의 도구로서 인간의 자유를 위한 해방적 측면을 갖고 있었다. 그러나 우리가 살아가는 21세기의 현실은 이러한 민족주의의 의미를 변화시켰다. 가속화된 신자유주의적 세계화 속에서 상품교환의 범위가 전 세계적으로 확장되었는데, 이 과정에서 드러난 사회문제는 여전히 지역 차원에서 발생했기 때문에 실제 사회문제를 겪고 있는 사람들은 자신의 문제가 어디에서 비롯된 것인지 알 수 없었다. 이러한 사회관계의 '불투명성'이 일반화되면서 사회구성원들은 삶의 의미와 방향을 상실하고 존재론적 불안에 시달리게 되었다. 이 상황에서 개인에게 확신을 주는 유일한 집단적 범주는 누구에게나 원초적으로 주어지는 '가족'이었으며, 가족의 중요성은 '종족성'과 연관되고 이것이 다시금 '정체성' 문제와 연결되어 종족민족주의는 전 세계적으로 확산되었다. 근대의 모든 사회관계는 다양한 사회·문화적 교류를 통해 형성되었으며, 이 점에서 종족집단의 순수성은 허구임에는 틀림없지만, 신자유주의적 세계화로 인한 불투명성 속에서 현대인들은 점차 종족 범주가 제공하는 허구적 확실성에 의지하고 있다. 이와 관련하여 우리는 사람들이 안정적인 소속감 및 삶의 방향설정과 의미부여를 추구하는 심리적·감정적인 원초적 욕구를 해소할 수 있어야 한다는 '필연성'을 진지하게 고려해야 할 것이다.

위의 두 사례는 모두 지배체제를 정당화해주는 정신적 구조물에 대한 비판이 현대사회 연구에서 어떠한 모습을 보일 수 있을지 거칠게 예상해본 결과이다. 중요한 것은 과거의 것을 아무런 변화 없이 최대한 순수한 형태로 되돌리려는 시도는 아무런 의미가 없다는 점이다. 우리는 비판이론의 후기자본주의론 같은 이론적 결과물 그 자체가 아닌, 비판이론의 이론적 기초와 현실의 변화를 바라보는 관점에 주목할 필요가 있다. 비판이론은 연구자의 기본적인 시각이나 입장에 있어 마르크스에게 받은 영향을 후대에 전해줌으로써 사회에 대한 '비판적 태도'의 중요성을 보여주었다. 이를 보존하면서 우리는 시대적 변화에 맞는 새로운 연구들을 통해 사회적 비판의 외연을 넓혀갈 수 있을 것이다.

프랑크푸르트 사회연구소 설립 100년을 기념하는 이유는 아직 인간이 스스로 해방을 성취하지 못했기 때문일 것이다. 그러나 우리는 섣부른 좌절이나 허무주의에 빠지기보다는 오히려 비판적 사회연구를 더욱 활성화시켜야 한다. 지배체제에 의해 배제되고 억압되며 망각된 것들을 찾아내고 그를 통해 지배체제의 영원성을 뒤집는 일은 매우 지난한 과업이지만, 쉽게 포기할 수 없는 것이기도 하다. 이것이 오늘날 우리가 비판이론을 바라보는 올바른 태도일 것이다. ID

글·권오용

2017년 독일 하노버 라이프니츠 대학교에서 사회학 박사학위를 받았으며, 현재 여러 대학에서 강의하고 있다. 비판이론을 활용한 사회분석과 파편화 시대 사회구성원들을 묶어두는 정신적 구성물에 대한 연구를 진행하고 있으며, 주요 논문으로는 『이데올로기의 일상 종교로의 전환』, 『증오의 생산, 대상, 정당화』 등이 있다.

1961년 재판을 받고 있는 아이히만의 모습.

가자의 유대인, 예루살렘의 아이히만

한성안 ▮ 경제학자

'**사**유하지 않은' 절대악 만큼
'사유하는 절대악'도 해롭다

나치 독일은 1940년에서 1945년까지 아우슈비츠 수용소를 만들어 유대인과 폴란드 공산주의자 110만여 명을 독가스로 살해했다. 소련군이 진주했을 당시 7톤의 머리털이 한 창고에서 발견되었는데, 나치는 그걸로 담요를 만들었다고 한다. 수용소 의사였던 요제프 멩겔레는 어린이 수감자를 영하 20도 이하의 추위 속에 맨발로 내몰아 동상에 걸리게 한다든가 남녀 성기를 절단해 보는 등 각종 생체실험을 했다. 잘 아는 아우슈비츠의 잔혹사다.

독일 태생의 유대인 정치철학자 한나 아렌트는 잡지 <뉴요커>의 특별 취재원 자격으로 예루살렘으로 가, 이런 학살의 책임자 루돌프 아이히만이 재판받는 과정을 참관하였다. 이를 바탕으로 1963년 그녀는 『예루살렘의 아이히만』(2006, 한길사)을 출판했다.

악의 평범성

아렌트는 7개월간 진행된 예루살렘의 법정 심리가 끝나고 교수대로 향하는 아이히만을 관찰했다. 아이히만은 아주 근엄한 태도로 교수대로 걸어갔다. 그는 붉은 포도주 한 병을 요구했고, 그 절반을 마셨다. 그는 그에게 성서를 읽어 주겠다고 제안한 개신교 목사 윌리엄 헐 목사의 제안을 거절했다. 그는 두 시간밖에 더 살 수 없기 때문에, '낭비할 시간'이 없다고 했다. 그는 자신을 완전히 통제하고 있었다. 아니 그 이상이었다. 그는 완전한 자기 자신의 모습을 하고 있었다. 그는 "잠시 후면, 여러분, 우리는 모두 다시 만날 것입니다. 이것이 모든 사람의 운명입니다. 독일 만세, 아르헨티나 만세, 오스트리아 만세. 나는 이들을 잊지 않을 것입니다"라고 말했다. 죽음을 앞두고 기괴하게도, 의기양양하게 그는 장례 연설에서 사용되는 상투어를 생각해 낸 것이다. 이것이 자신의 장례식이라는 사실을 잊고 있었던 듯이 말이다.

예루살렘 법정에 선 아이히만

재판 과정을 지켜본 아렌트는 다음과 같이 결론 내렸다. 우리는 실로 두려운 교훈 한 가지를 얻었다. "말과 사고를 허용하지 않는 악의 평범성(banality of evil)을!" 이것이 두려운 이유는 '인류에 대한 범죄'이자 전례 없이 가공할 만한 '절대악'이 놀랍게도 '평범함' 속에서 서식하기 때문이다. 절대악은 중뿔난 괴물이나 냉혹한 소시오패스, 그리고 특별한 악마가 저지르는 것이 아니다. 근면하고 성실하며, 삶에 의지가 충만한 평범한 인간들, 심지어 선량한(!) 시민들이 저지르는 것이다. 그리고 거기에는 선과 악에 대해 고민하지 않는 '순전한 무사유'(sheer thoughtlessness)가 똬리를 틀고 있었다. 아렌트에 따르면 인간 속에 존재하는 모든 악을 합친 것보다 이러한 무사유가 아마도 더 많은 파멸을 가져올 수 있다는 것, 이것이 사실상 예루살렘에서 배울 수 있는 교훈이었던 것이다.

절대악, 인류에 대한 범죄

아돌프 아이히만! 제2차 세계대전 유대인 대학살 전범의 실무 책임자였다. 그는 독일 및 유럽 각지에 있는 유대인의 강제 이주 및 학살을 계획·지휘하며 총 600만 명을 학살했다. 600만! 서울 인구(941만)의 64%, 부산 인구(330만)의 1.8배에 해당하는 어마어마한 숫자다. 서울 시민의 3분의 2, 부산 시민의 거의 두 배에 해당하는 수가 대량으로 학살당했다! 더욱이 질병이나 심지어 전쟁으로 죽지도 않았다. 전투와 무관한 곳에서, 인류 역사에서 전례를 찾아볼 수 없는 잔혹한 방식으로 학살당한 것이다. '맙소사, 세상에 어찌 이런 일이 일어난단 말인가?' 이것이 바로 아렌트가 던진 질문이다.

이유를 찾기 전에 그는 이 전대미문의 학살을 정의할 필요가 있었다. 그것은 단순히 집단학살로 부르긴 미흡하다. 그것은 일찍이 들어본 적이 없는 잔혹한 방식에 따라, '전 민족'을 그것도 '체계적으로' '절멸'시키고자 한다는 점에서 '인류에 대한 범죄'인 셈이다. 이러한 범죄는 실제로 국제법이나 국내법으로 단죄할 수 없다. 그런 점에서 그것은 단죄도 용서도 할 수 없는 '절대악'이다!

『예루살렘의 아이히만』(한나 아렌트, 2006, 한길사)

'사유하지 않은' 절대악

이제 처음으로 돌아가 그 이유를 밝힌 차례다. 어떻게 이런 끔찍한 절대악이 자행될 수 있다는 말인가? 아렌트는 두 가지 사례에서 힌트를 얻었다. 첫째는 1944년 여름 패전을 앞두고 농부들에게 격려 연설을 하기 위해 바바리아로 갔던 한 여성 '나치 지도자'의 이야기다. 유대인에 대한 독가스 학살이 정점에 달했을 때였다. 그녀는 다가올 패배에 대해 농부들에게 솔직히 말했고, 훌륭한 독일인들은 이를 염려할 필요가 없다고 했다. 왜냐하면 총통이 "자비심 많게도 전쟁이 불행한 종말을 맞을 경우를 대비해, 가스를 사용해 모든 독일 국민들이 편안한 죽음을 맞도록 준비해 놓았기 때문이다." 이런 광기에 찬 여성 지도자의 연설에 농민들은 어떻게 반응했을까? 이 광경을 본 한 작가는 다음과 같이 한탄하고 말았다. "오, 맙소사. 나는 이 장면을 상상할 수 없다. 이 사랑스런 여성이 허깨비가 아니라니, 나는 내 눈으로 그녀를 보고 있다. 40대를 바라보는 노란 피부의 미친 눈을 가진 여성을! (...) 그런데도 무슨 일이 일어났던가? 이 바바리아 농부들이 죽음에 대한 그녀의 열정을 식혀주기 위해 호숫물에 빠뜨렸던가? 그들은 그런 일을 하지 않았다. 그들은 머리를 저으며 집으로 돌아갔다."(p.179~180) 그녀는 확신에 차 있었고, 그 확신으로 임무를 성실히 수행하고 있었다. 듣는 이는 별생각

독일 전범에게서 '악의 평범성'을 발견한 한나 아렌트

없이 그저 침묵했다.

이제 '지도자'도 당원도 아닌 사람의 생각을 알아보자. 이 사건은 1945년 1월 동프러시아의 쾨니히스베르크에서 일어난 일이다. 이 도시는 러시아의 반격으로 이미 폐허로 변했고, 내일이면 러시아의 연방으로 합병될 운명이었다. 거기서 어떤 독일여성이 의사에게 다가와 수년간 앓던 정맥류를 치료해 주길 원했다. 의사는 "지금은 쾨니히스베르크를 탈출하고 치료는 나중에 받는 것이 좋겠다고 애써 설명하면서 어디로 가고 싶냐"고 물었다. 그녀는 놀랍게도 다음과 같이 대답했다. "러시아인들은 결코 우리를 잡지 못할 것이에요. 총통께서는 결코 그것을 허용하지 않을 것입니다. 그보다 훨씬 전에 그가 우리에게 가스를 줄 것이니까요." 의사는 은밀히 주위를 돌아보았다. 그러나 어느 누구도 이 말이 정상에서 벗어난 것임을 알아차린 것

같지 않았다. 이때 여성의 목소리가 무거운 한숨과 함께 들려왔다. "낭패로군, 이제 그 모든 좋고 값비싼 가스를 모두 유대인에게 낭비해 버렸으니!"(p.180) 기가 막힌다. 과연 생각이란 게 있긴 한가? 속된 말로 머리는 장식물에 불과한가! 한나 아렌트가 결론 내린 '악의 평범성'이 확인되는 듯하다.

'사유하는' 절대악

하지만 같은 책에서 그녀는 악의 다른 모습도 보았다. "수천 명의 유대인이 가득 들어차 있는 구덩이를 향해 기관총으로 난사하고는, 아직도 경련을 일으키고 있는 몸뚱어리들 위로 흙을 덮는 것은 그리 보기 좋은 모습은 아니었다." 무척 덤덤하고 무심한 듯하지만, 참혹함에 대한 일말의 감정만은 남아 있는 듯한 푸념(!)이다. 나치의 학살전문가 친위

대원이 상부에 쓴 보고서다(p.169).

독일인만 유대인 학살에 가담한 것은 아니다. 루마니아는 독일인도 혀를 내두를 '루마니아 스타일'로 유대인을 학살했다. 루마니아 스타일이란 5,000명을 열차 화물칸에 발 디딜 틈도 없이 태우고는 여러 날 동안 목적지도 계획도 없이 교외를 계속 달리게 하여 질식사하도록 하는 것이었다. 이러한 살해 작전을 마치고 나면, 유대인 도살장에 시신들을 전시했는데, 이는 그들에게 아주 흔한 일이었다. 루마니아 공포의 강제수용소는 독일의 명령과 무관하게 루마니아인들 스스로 만들고 운영했는데, "독일에서 일어난 것으로 알고 있는 그 어떤 일들보다도 더 교묘하고 잔혹한 것이었다."(p.275) 1942년 8월 중순까지 루마니아인들은 거의 어떠한 독일의 도움 없이 30만에 가까운 유대인을 죽였다.

유대인은 큰 방에 있었다. 그들은 옷을 모두 벗으라는 명령을 받았다. 그리고 나서 트럭이 도착해 그 방의 출입구 바로 앞에 정차했고, 벌거벗은 유대인은 그 트럭으로 들어가라는 명령을 받았다. 문은 닫혔고 트럭은 떠났다. "(얼마나 많은 유대인들이 들어갔는지) 저는 알 수 없었어요. 저는 거의 쳐다볼 수가 없었기 때문이죠. 저는 볼 수 없었습니다. (…) 그걸로 충분했습니다. 비명 소리가 났고, 그리고 (…) 저는 큰 충격을 받았습니다. (…) 그리고 저는 그 차량을 줄곧 따라갔고, 제가 평생 본 것 중 가장 끔찍한 광경을 보았습니다. 그 트럭은 넓게 파인 구덩이 앞으로 가서 문을 열었고, 그리로 시신들이 쏟아져 나왔습니다. 마치 살아 있는 것처럼 그들의 사지는 유연했습니다. 그들은 구덩이 속으로 던져졌고, 한 민간인이 치과용 집게를 가지고 이빨을 뽑는 것을 볼 수 있었습니다. 그리고 저는 떠났습니다. 제 차에 올라타서는 더 이상 입을 열지 않았습니다."(p.152) 바르테가우라는 폴란드 소재 학살센터에서 일어난 일인데, 여기서 30만 명이 학살되었다. 이곳은 동부지역에 설치되었던 6개 죽음의 수용소 중 한 곳에 불과하다. 이 목소리는 이곳을 방문한 아이히만의 경험담이다.

악은 과연 사유하지 않은 평범한 시민들이 저지르는 것인가? 아렌트가 목격한 이 광경들로부터 나는 그

이스라엘 남부 스데로트 인근의 한 언덕에서 2009년 1월 1일 이스라엘인들이 가자지구 북부 지역이 공습당하는 광경을 즐겁게 감상하고 있다.

녀의 결론을 전적으로 받아들이기가 힘들다. 왜 그런가? 적지 않은 사람들이 사유하지 않고 평범한 마음으로, 저런 악행을 저지르기는 쉽지 않을 것 같기 때문이다. 인간의 본성은 완전히 악하지만은 않아서 대다수 사람들은 '이성을 동원해 깊게 사유하지 않으면' 저런 평범함의 가면을 쓸 수 없다.

그렇다면 이 부류의 사람들은 무엇을 사유하면서 저 힘겨운 평정함을 유지했을까? 첫째, 외면하면 된다. 얼굴을 돌림으로써 우리는 적어도 악행을 잊을 수 있다. 하지만 마냥 안 보고만 살 수 없다. 둘째, 보상이 이뤄지면 악행도 어느 정도 저지를 만하다! 히틀러는 당시 독일인들에게 완전고용을 보장했으며, 구수한 빵과 따뜻한 수프를 부족함 없이 제공하였다. 적지 않은 독일인은 순전한 무사유가 아니라 '깊은 사유과정'을 거쳐 적극적으로 악행에 동참했으며, 적어도 외면함으로써 이를 방조하였다. 평범한 사람들의 '깊은 사유'가 전체주의적 악행의 또 다른 원동력이었던 것이다! 나는 아렌트가 주장한 악의 평범성을 완전히 잘못된 해석이라고 평가하고 싶지 않다. 하지만 자신이 목격한 또 다른 모습의 악행을 포괄하기에 악의 평범성은 뭔가 부족하다. 절대악은 사유하기도 한다.

가자의 사유하지 않는 유대인과
사유하는 유대인

가공할 만한 절대악이 이런저런 모습으로 자행된 속에서도 유대인들은 살아남았다. 그 후 그들은 팔레스타인 사람들을 내쫓고 시온성을 건설했다. 빼앗은 자는 '국민'이 되고 빼앗긴 자는 '난민'이 되었다. 둘의 분쟁은 끊이지 않는다. 6미터 높이의 거대한 콘크리트 장벽으로 둘러싸인 '도시 감옥'에 퍼부어지는 유대인의 융단 폭격! 이스라엘의 공격 후 가자지구 전체 사망자는 이미 1만을 넘어섰다. 가자의 유대인은 예루살렘의 아이히만과 크게 다르지 않은 것 같다. 악의 평범성! 60년 전 예루살렘에서 아렌트는 이러한 순전한 무사유가 저지르는 절대악에 탄식했었다. 그러나 오늘날 가자의 유대인은 "인

간 속에 존재하는 모든 악을 합친 것보다 이러한 무사유가 아마도 더 많은 파멸을 가져올 수 있다"는 동족 아렌트의 이 교훈을 잊고 있는 듯하다.

그런데, 이 광경을 즐기는 유대인들의 환호성(!)은 무심한 나치친위대 대원의 푸념보다 더하다. 더욱이 가자지구는 어린이의 무덤이 되고 가고 있다. 10분에 1명의 어린이가 사망하고 있다고 한다. 그저 평범하기만 하다면 이러진 않을 것이다.

2014년 7월 덴마크 언론인 '알란 쇠렌슨'이 자신의 트위터에 올린 사진이다. 자국 군대가 팔레스타인 난민촌을 폭격한 후, 폭음과 불꽃이 일자 이스라엘 국민들이 액션 영화를 관람하듯 편안한 의자에 앉아 환호성을 지르고 있다. 쇠렌슨은 이곳을 '극장'이라고 표현했다. 이 사진을 본 네티즌들은 이렇게 제목을 붙였다. "나는 악마를 보았다!"

가자의 유대인이 보여주는 평범성 속에는 '사유하는' 절대악이 깊이 감춰져 있는 듯하다. '가자의 유대인'은 '이스라엘의 아이히만'보다 더 나은가? '사유하지 않은 악'보다 '사유하는 악'이 더 해로울 수 있다. 사유하지 않은 자 사유해야 하고, 사유하는 자는 '똑바로' 사유해야 한다. 그게 깨어 있는 시민이다. **ID**

글·한성안
문화평론가. 경제학자. 영산대학교수를 역임했다. 현재 '좋은경제연구소장'으로 활동하면서 집필, 기고, 강연 중이다. 페이스북과 블로그를 통해 진보적 경제학을 주제로 시민들과 활발히 소통중이다.

윤석열 정부의 외교 실패와 대안

미 · 중의 대리 희생자가 된 한반도

김준형 ▌ 한동대 국제정치학 교수, 전 국립외교원장

격변의 세계질서와 동북아, 그리고 한반도

오늘날 국제질서는 지난 30여 년 동안 지속되었던 탈냉전 체제의 협력적이고 통합적인 글로벌 거버넌스가 무너지는 한편, 배타적 민족주의와 지정학적 진영대결 구조가 급부상하고 있다. 무엇보다 초강대국들의 세력 변동으로 국제질서의 불안정성이 점점 커지고 있다. 미 · 중 전략경쟁의 격화와 더불어 러시아의 우크라이나 침공으로 탈냉전 이후 한계 속에서도 어느 정도 작동했던 협력안보 또는 공동안보는 무력화하고, 지정학의 도래와 각자도생의 파편화가 거세게 휘몰아쳤다.

그러나 현 국제질서가 신냉전인가에 대한 논쟁은 끝나지 않았다. 미국이 대중봉쇄를 위해 노골적으로 가치와 이념에 의해 민주주의와 권위주의의 진영을 나누고 있으나, 그것만으로 신냉전으로 단정하기는 어렵다. 섣불리 신냉전으로 규정하면 과거처럼 하나의 진영만을 선택해야 한다는 결론에 이르기 쉽다. 미국의 주도로 추진되는 글로벌 진영화의 이면에는 다양한 행위자들의 서로 다른 실익 추구가 작동함으로써 진영의 경계가 모호해질 뿐만 아니라, 미 · 중 관계가 악화일로로만 간다는 진단도 섣부른 예단이다.

우크라이나 전쟁으로 러시아와 중국이 연대하고, 북한 역시 대중 및 대러 접근을 서두름으로써 미국을 상대로 협력을 공고하게 만들고 있는 것으로 볼 수 있다. 그러나 동시에 러시아가 자신의 존재를 드러내며 미 · 중 이외의 다극질서를 촉진하는 신호로 해석할 여지도 있다. 경제적으로도 브릭스(BRICS)의 급부상이 기존 세계 경제의 지배력을 가진 G7을 맹추격하고 있으며, 상황에 따라 가까운 미래에 역전도 가능하다고 전문가들은 예상한다. 이런 현상들은 과거 미국과 소련이 세계를 확실하고 분명하게 양분하고, 각 진영에서 압도적 영향력을 행사했었던 것과는 전혀 다른 상황이라는 것을 보여준다.

더 혼란스럽고 위험한 다극화와 파편화

그렇다고 이러한 파편화와 다극화 현상이 신냉전보다 바람직하다거나, 또는 위기가 아니라는 뜻은 결코 아니다. 오히려 한편에서는 신냉전의 담론에 올라탄 미 · 중 대결구조가 펼쳐지고, 다른 한편에서는 다극의 행위자들이 협력보다는 각자도생의 국가 이기주의가 판을 칠 때 세계는 훨씬 더 혼란스럽고 위험해질 수 있다. 한마디로 기존의 시스템이 무너지고, 새로운 대체 시스템이 없는 상태로 혼란과 무질서는 가중할 수 있다는 것이다. 또한 미 · 중 갈등은 승부가 나지 않은 채 최소한 30년 이상 지속될 소모전 양상이라는 점에서 진영을 선택하고 한쪽 편에 전부를 거는 것은 어리석고 위험한 전략이다. 유연한 실리외교와 함께 자율성을 확보하면서 장기적으로 양측 모두에 대한 의존도를 줄이는 전략이 최선이다. 국내 권력을 유지하기 위해 친미와 친중의 분열 프레임을 이용하는 것은 망국적 행위로 자제해야 한다.

한국은 구한말과 세계 대전의 전환점에서 해양 세

력과 대륙 세력의 충돌지점으로서 겪었던 위기를 다시 맞을 수 있다. 1990년대 초 냉전체제 붕괴와 탈냉전 도래의 기회를 놓치는 바람에 분단 구조를 해체하지 못했고, 2018년 큰 희망과 기대를 품게 했던 한반도 평화 프로세스는 2019년 2월 〈하노이 북·미 회담〉 결렬 이후 기나긴 교착에 빠져들었다. 이후 북미 및 남북관계는 악화일로였고, 미·중 및 미·러 관계의 악화와 2022년 5월 보수 강경의 윤석열 정부의 집권이 더해지면서 지정학의 도전은 가속화되었다.

윤석열 정부의 이념 외교와
한·미·일 유사 동맹의 실질화

윤석열 정부는 출범하자마자 전임 문재인 정부가 전략적 모호성으로 "미·중 사이에서 줄타기했다"라는 식으로 규정하였다. 전임 정부가 신남방정책 등을 통해 중국의 일대일로와 미국의 인·태 전략에 동시에 참여함으로써 연결하려 하고, 한반도가 갈등의 중심 무대가 되는 것을 막기 위해 노력한 것에 대해, 윤석열 정부는 '모호성'이라고 비판하고, 진영을 명확하게 선택했다. 대북 강경 및 친일·친미 노선을 확실히 하였다. 윤석열 대통령은 집권 후 진영편향의 외교에 일관성을 보여줬고, 내용상으로도 대미 및 대일 외교가 정부였다.

윤석열 대통령은 2022년 11월 일련의 다자회담에 참석해서 한·미, 한·일, 한·미·일 정상회담을 집중적으로 가졌다. 그리고 한국의 대외전략으로 〈인도·태평양 전략〉을 천명하고, 한-미-일 3자의 〈프놈펜 공동선언〉을 통해 한국이 중국과 러시아 등 대륙을 견제하는 해양 세력에 본격적으로 동참했다. '인도·태평양' 전략이라는 용어에 대륙이 없고, 대륙을 배제하고 봉쇄하는 해양 세력에 편입된다는 함의를 지닌다.

미국이 지휘하는 해양 세력 편에 서고, 미·일과 함께 대륙 세력인 북·중·러를 적대적으로 포위하는 선봉에 서겠다는 전략이 우리 국익에 어떤 의미인지 반드시 따져봐야 한다. 한-미-일을 묶어 북-중-러를 견제하는 것은 미국과 일본의 이익이 될 수 있지만, 우리의 이익은 결코 아니다. 분단 및 정전 상태에 처한 우리가 한반도와 인접한 대륙 세력인 중국, 그리고 러시아와 적대적인 관계가 되는 것은 바람직하지 않다. 또한 안보협력의 파트너로서 일본을 과연 신뢰할 수 있냐는 점이다. 프놈펜 선언 불과 한 달 후 이루어진 일본은 3대 안보법을 개정했다. 일본은 향후 4년간 군사비를 2배로 증액하고, 전수방위를 무력화하고 선제공격이 가능한 군사 대국화로 간다.

윤석열 정부가 2023년 3월 6일에 〈강제동원해법〉을 발표했다. 미국은 환영 성명을 실시간으로 표시함으로써 모든 과정의 배후임을 자처했다. 중국과 러시아에 대해 '가치'를 내세우며 진영을 가르는 미국이, 더욱이 인권과 가치를 중시하는 민주당 바이든 정부가 불의한 과거에 눈을 감고 일본 군국주의의 부활을 부추겨, 무엇을 얻고자 하는 것인지 묻지 않을 수 없다. 굴욕의 〈강제동원해법〉 발표 10일 만에 윤석열 대통령은 일본을 방문해 기시다 총리와 정상회담을 했다.

2023년 8월 18일 한·미·일 정상이 캠프데이비드에서 마침내 안보협력의 제도화에 합의했다. 취임 이후 진영편향 일변도의 외교를 펼쳐왔고, 한미일은 이제 사실상 군사동맹의 단계로 들어섰다. 최대 승자는 미국이고, 일본도 상당한 이익을 챙겼으나, 한국은 얻은 것은 없고, 큰 손해를 입은 일방적 퍼주기였다. 미국은 인도·태평양전략의 약한 고리였던 한·일 관계를 협력적인 관계로 제도화함으로써 중국을 견제할 수 있는 최고의 동맹 네트워크를 구축했다. 〈뉴욕타임스〉는 2차대전 이후 그토록 바라면서도 이룰 수 없었던 한·일 관계가 개선되어 한미일의 3각 체제를 제도화겠다는 미국의 외교적 꿈이 실현된 것이라고 평가했다.

일본 역시 많은 것을 얻었다. 한국과의 관계가 악화일로였던 아베 정부 시절에는 한국을 제외한 미·일 동맹 또는 쿼드로 가려던 계획이었지만, 그렇게 될 경우, 일본은 대륙 세력을 방어하는 최전선에 노출되는 약점이 있었다. 그러나 이제 한국이 최전선에 놓여 일본의 방패막이가 되었다. 또한 군사적으로도 일본은 선택이 가능해졌다. 개입하고 싶으면, 3국 안보협력을 빌미로 개입할 수 있고, 피하고 싶으면 평화헌법을 내세워 한국에 떠맡길 수 있게 되었다. 또한, 미사일 전력에 약점을 가지고 있었던 일본이 정보 실시간 공유를 넘어 미사일방어체제에 참여하게 되었다. 더욱이 그 과정에서 일본은 과거사 문제와 관련해 한국에 그 어떤 것도 양보하지 않고 얻었다. 그러나 한국은 밑지는 장사를 톡톡히 했다. 보수진영에서는 대성공이라고 말하고,

확실한 동맹 네트워크를 갖추었다고 평가한다. 그러나 한반도와 주변은 긴장이 고조되고, 북한 문제는 더 풀기 어렵게 되었으며, 중국과 러시아와 적대적 관계로 들어설 가능성이 커졌다. 그것도 한반도가 중심 무대가 되었다.

한국의 대응전략은 '스윙 스테이트 (swing state)'로 가야

KOREA AHEAD 2024

과학·경제·환경·사회·문화·국제

2024년 대한민국 종합 전망서

이영한·한상진·표학길·양명수 등 32인 지음
2023년 10월 12일 416면 19,800원

회복의 시대를 위한 5개 지지대 위에서 펼쳐지는
대표 지식인 32인의 고찰과 예측

한국방송통신대학교출판문화원 지식의날개

세계는 물론이고 한반도의 운명은 미국과 중국의 관계가 어떻게 전개되느냐에 지대한 영향을 받을 수밖에 없다. 미-중의 전략적 갈등이 영역적으로는 무역, 통화, 기술, 체제 우위를 놓고 전 지구적으로 벌어지지만, 물리적으로는 동아시아의 지정학적 구조를 중심에 두고 집중되는 경향을 띤다. 지구적 경쟁에서는 아직 중국이 미국과 맞서는 데는 역부족일 수 있으나, 동아시아는 지정학적으로 중국의 홈그라운드라고 할 수 있어 한 치도 물러서지 않을 것이므로 팽팽한 세력 다툼이 벌어진다. 양국의 세력권 경계 설정이 관건인데, 한반도, 동중국해, 중국-대만 양안, 그리고 남중국해가 그런 지점들로 패권 대결의 단층선 역할을 한다. 이 지점들을 연결하면 동아시아를 위에서 아래로 가로지르는 경계선이 그어지는데, 중국은 이를 돌파하려 하고, 미국은 어떻게든 봉쇄하려 한다.

윤석열 대통령의 "힘을 통한 안보"는 미국, 중국, 러시아 등이 벌이는 지정학적 충돌 국면과 맞물려 한국의 현재와 미래에 치명적 결과를 낳을 수 있다. 그렇다면 한국은 어떤 길을 가야 하는가? 대외전략 자산의 확대와 다양화 및 다변화를 추구하지 않는 진영편중의 전략은 우리의 외교 역량을 지정학과 군사동맹의 범위 안에 갇히도록 만들 우려가 있다. 윤 정부의 안보 절대주의와 동맹 신화의 맹목적 추종은 향후 5년간 우리의 역량을 지정학과 미국

의 전략적 범위 안에 갇히도록 만들 것이다. 확장 억제, 전략자산 전개, 한·미 연합훈련 확대 등을 통한 외교의 안보화와 경제와 기술 등 가히 모든 영역의 군사화는 우리가 선택할 올바른 길이 결코 아니다. 최근 한국의 극우 인사들이 윤 정부의 시대적 사명을 '좌파 척결'로 정조준하고, 대통령도 비슷한 어조로 동조의 뜻을 자주 표한다. 이러한 흑백 논리는 대외정책에도 반영되어, 20세기 냉전 시절을 소환하고 외교적 공간을 스스로 없애버리는 결과를 낳는다.

한국의 대응 전략은 '미들 파워(middle power)' 또는 '스윙 스테이트(swing state)'로 가야 한다. 미·중 전략경쟁의 판에서 배타적 선택의 프레임에 빠져들지 말고, 유사한 입장과 능력을 지닌 국가들과의 연대를 통해 완충지대를 구축해야 한다. 지난 6월 〈Foreign Policy〉는 "6개의 중간 국가들이 미래의 지정학을 결정할 것이다(6 Swing States Will Decide the Future of Geopolitics)"라는 분석 기사에서 앞으로 국제정치 질서에 영향력을 발휘할 국가로 인도, 브라질, 사우디, 인도네시아, 남아공, 터키를 꼽았다.

전략경쟁의 대결구도에서는
남북이 대리 희생될 수도…

가장 큰 이유는 미·중 전략경쟁의 판도에서 오히려 어느 한쪽 진영을 선택하지 않음으로써 새로운 역학구도를 조성하기 때문이다. 미·중 사이에서 선택의 압박을 받는 것이 아니라 미·중이 상대를 제압하기 위해 구애하는 나라들이다.

과거에는 국력의 크기로 미들 파워, 즉 중견국이라는 용어가 유행했지만, 이제는 양쪽 진영이 아닌 제3의 지대를 만들 수 있는 글로벌 사우스의 리더들을 가리키는 용어가 되었다. 이것은 과거 냉전 시절 G77이나 비동맹 운동의 단순한 부활이 아니다. 이념적으로 경제적으로 상당한 자율성을 확보함으로써 역사상 가장 큰 영향력을 가지게 되었다. 일찌감치 미국 진영에 참여함으로써 영향력을 스스로 감소해버린 한국, 일본, 프랑스, 독

일 같은 나라들과 대비된다. 그중에서도 미국의 전략을 충실히 수행하며 진영싸움의 최전방 돌격대를 자처하는 윤석열 정부는 최악의 선택으로 한국 외교의 불행한 미래를 예약하고 있다.

냉전의 세계화 시대에도 무너지지 않았던 한반도 분단 구조는 지정학의 도래와 함께 본격적으로 갈등이 끓어 넘쳐 충돌이 일어날 수 있다. 우리가 미·중 관계를 좌지우지할 수는 없지만, 한반도가 미·중 갈등의 대리 충돌지점이 되지 않게 하려면 남북한이 긴장 수위를 낮추고 평화공존을 유지해야 한다. 남북이 법적인 통일이나 유무상통의 개방은 어렵더라도 최소한 적대적 관계 해소와 안정적 관리는 절실하게 요구된다. 한반도 긴장이 완화하면 북한은 핵무기 개발에, 남한은 군사동맹에 모든 것을 걸어야 하는 부담에서도 어느 정도 자유로워질 수 있다. 미·중 전략경쟁에서 남북한이 대결구조로 갈 경우, 한반도가 다시 대리 희생의 역사를 되풀이할 수 있으므로 평화공존의 담론을 적극적으로 발신해야 한다. 우리에게 평화는 이상이 아니라 국익을 지키는 가장 실용적인 방법이며, 안보를 확보하는 가장 값싼 수단이다. **LD**

글·김준형
한동대학교 국제어문학부 국제정치학 교수. 2019년 8월부터 2년간 외교부 국립외교원장을 역임했다. 대통령 직속 정책기획위원회 외교안보분과위원과 청와대안보실, 외교부, 통일부 자문위원 등을 지냈으며, 민간 싱크탱크인 한반도평화포럼(사) 외교연구센터장으로 활동했다. 주요 저서로는 『영원한 동맹이라는 역설』, 『전쟁하는 인간』 등이 있다.

그룹 블랙핑크(BLACKPINK) 지수(왼쪽부터), 제니, 로제, 리사./뉴스1_관련기사 113면

CULTURE

문화

2023, 어떤 영화들이 평론가들의 주목을 받았나?

손시내 ▮영화평론가

한국영화평론가협회(영평)가 매년 선정하는 '영평 10선'은 그해 한국 영화의 지형과 비평의 시야를 함께 보여주는 척도가 돼왔다. 일상의 회복과 수많은 변화를 동시에 말할 수밖에 없던 올 한 해, 우리는 어떤 한국 영화를 보았고, 영화에서는 무엇을 이야기하려고 했을까?

2023년 영평 10선 목록은 다음과 같다. (가나다 순)

〈같은 속옷을 입는 두 여자〉 (김세인)

〈다음 소희〉 (정주리)

〈드림팰리스〉 (가성문)

〈물안에서〉 (홍상수)

〈밀수〉 (류승완)

〈비닐하우스〉 (이솔희)

〈비밀의 언덕〉 (이지은)

〈올빼미〉 (안태진)

〈킬링 로맨스〉 (이원석)

〈희망의 요소〉 (이원영)

올해 영평 10선에는 인상적인 데뷔작이 고루 포진해 있다는 점이 가장 먼저 눈에 띈다. 코로나 19와 함께 영화계도 오랜 몸살을 앓았지만 곳곳에서 끊임없이 새로운 감독들이 반짝이는 영화를 들고 등장했다는 사실이 위안과 기쁨을 전해준다. 동시에 저마다의 사연과 다양한 욕망을 지닌 여성 캐릭터들의 활약도 반드시 짚어야 할 특징이다. 사극과 시대극은 여전히 역사 속에서 새로운 이야기와 영화적 무대를 발굴하려는 노력이 끊이지 않고 있다는 사실을 보여준다. 장르적 특성이 두드러지는 영화들은 그 개성적인 만듦새 사이로 사회적 발화를 이어간다. 최소한의 요소로 영화라는 건축물을 지을 수 있을지 고심하고 실험해 보는 영화들 또한 여전히 우리 곁에 있다.

〈밀수〉, 소시민 서사와 다른 새로운 인물상 돋보여

여름에 개봉해 흥행에도 가뿐히 성공한 〈밀수〉는 70년대를 배경으로 여성들의 범죄 액션 활극을 펼쳐 보인다. 가상의 바닷가 소도시 군천을 무대로 한 영화는 춘자(김혜수)와 진숙(염정아)을 비롯한 여성 인물들의 매력과 액션의 쾌감을 동력 삼아 서사를 점차 넓혀간다. 〈밀수〉는 70년대라는 시대는 물론이고 수중 액션이라는 새로운 영역까지 영화의 무대로 삼은 볼거리 가득한 장르물이다. 물질로 생계를 이어가던 해녀들은 화학공장의 등장으로 일거리를 잃고 대신 밀수품 건지는 일을 하게 된다. 이 과정에 세관의 압력과 내부자의 배신 등 다양한 사건이 벌어지며 군천은 피바람 부는 복수의 땅이 된다.

그 와중에 생명력 강한 여성들의 몸짓은 영화를 가장 아래서 붙들고 지탱하는 핵심 요소다. 이들은 정부의 통제와 폭력적인 남성들의 패권 다툼 사이에서 먹고 사는 일을 걱정하고 동료의 안위를 염려하며 거침없이 바다에 뛰어든다. 이는 ('세금' 운운하는 대사가 보여주듯) 그간의 소시민 서사와도 어느 정도 거리를 두는 새로운 인물상이다. 한편 〈밀수〉는 70년대 여성 수난 서사를 다룬 호스피스 영화들과 후반부에 등장하는 상어가 떠오르게 하는 〈조스〉(스티븐 스필버그, 1975) 같은 동시대 할리우드 영화를 동시에 불러오는 독특한 작품이기도 하다.

〈킬링 로맨스〉,
가스라이팅의 덫을 벗어난 여성의 유쾌한 용기

〈킬링 로맨스〉는 장르적 세계에서는 무슨 일이든 일어날 수 있다는 말을 매우 무모하고 유쾌하게, 정면 돌파하며 실현해 본 사례다. 불교적 세계관을 떠올리게 하는 주인공의 이름 여래(이하늬)와 범우(공명)부터, 뜬금없이 시작되는 뮤지컬 장면, 범상치 않은 리듬과 박자까지, 〈킬링 로맨스〉는 보는 이를 당황케 하는 요소들로 가득하다. 그런데 신기하게도 그렇게 영화와 함께 끝까지 가다 보면 눈시울 붉히며 뭉클해지는 순간도 찾아온다. 영화의 중심에 자유를 향한 여래의 소망과 그런 여래에 대한 팬들의 조건 없는 사랑이 있기 때문일 테다. 여래는 한때 인기 있는 배우였으나 '콸라섬' 왕자 조나단(이선균)을 만나고 '겉으로 티 나지 않는' 가혹한 통제 속에서 옴짝달싹 못 하는 처지가 된다. 우연히 그들의 앞집에 살게 된 여래의 오랜 팬 범우는 기상천외한 방법으로 여래의 해방을 돕는다. 〈킬링 로맨스〉는 정신없는 리듬 속에 가정폭력과 가스라이팅의 덫에 걸린 한 여성이 용기를 얻고 세상에 나오기까지의 과정을 담아낸다. B급 정서로 무장한 무대는 이처럼 강력하게 현실을 지시하는 내용의 서사를 비교적 안전하고 재미있게 관람할 수 있게 한다. 물론 그 현실의 무게 때문인지 한참 웃고 난 뒤에는 끝내 뒤통수가 아려오고 만다.

〈드림팰리스〉, 한국사회에서
아파트 공간이 갖는 미묘한 틈새

〈드림팰리스〉는 현실로 좀 더 쑥 들어간다. 고급 아파트를 연상케 하는 제목에서부터 영화가 현실의 계층 문제를 다루려 한다는 점이 분명히 드러난다. 여기서는 산업재해와 미분양 아파트 같은 사회 문제가 촘촘히 얽혀 주인공들의 삶의 조건을 만들어 낸다. 혜정(김선영)과 수인(이윤지)은 산업재해로 남편을 잃고 진상규명을 위해 함께 싸운 유가족 동료이지만 이후엔 다른 길을 간다. 합의금을 받은 혜정은 '드림팰리스'에 입주하고 수인

은 투쟁을 이어간다. 문제는 아파트 전체 분양이 마무리되지 않은 탓에 혜정의 집이 안락한 보금자리로 기능하지 못한다는 사실이다. 혜정은 녹물이 그치지 않는 집에서 제대로 살아보기 위해 고군분투하면서도, 타인의 사정을 신경 쓰며 함께 잘살아 보자고 말하는 인물이다. 거대한 자본의 벽 때문에, 그리고 그 벽이 만드는 이웃과의 분열 때문에. 〈드림팰리스〉는 한국 사회에서 아파트라는 공간이 갖는 복잡한 의미를 환기하면서, 오늘날 가해와 피해의 경계에 머물 수밖에 없는 인물의 초상을 제시한다. 물론 영화는 극적 사건을 통해 결말로 향하며 열어두었던 가능성들을 자연스레 구부린다. 가성문 감독은 첫 번째 장편 영화를 통해 현실과 영화 사이의 미묘한 틈새를 탐색해 본 듯하다.

〈비닐하우스〉,
돌봄 노동과 열악한 주거 공간…
그 현실적 화두

또 하나의 인상적인 데뷔작 〈비닐하우스〉에서 비극은 어느새 손쓸 틈 없이 불어나는 눈덩이처럼 커져 주인공의 삶을 덮친다. 비닐하우스에 살며 소년원 간 아들을 기다리며 태강(양재성)의 집에서 요양보호사로 일하는 문정(김서형)은 그리 큰 걸 바라지도 않고, 모두에게 착한 얼굴만 보여주는데도 좀처럼 고통에서 벗어나지 못한다. 아들과 함께 살 집을 구하는 것이 유일한 목표인 여자는 매일 자기 뺨을 때리며 몸을 일으키고 일터에 나간다. 영화는 그처럼 취약한 상태에 내던져진 인물을 중심에 두고 스릴러물의 화법으로 서스펜스를 구축해 나간다. 문정과 태강은 서로에게 온화하고 상냥한 이들이지만, 각자가 당면한 삶의 무게를 감당하는 과정에서 예상할 수 있는 가장 나쁜 결과를 빚어내고야 만다. 〈비닐하우스〉는 젊은 연출자의 눈에 비친 사회의 구석진 측면이 장르의 화법과 탁월하게 만난 예다. 인물 각자의 당위와 번져가는 비극의 풍경은 설득력과 극적 효과를 동시에 불러온다. 그 안에서 돌봄 노동과 열악한 주거 공간이라는 현실적 화두 역시 존재감을 드러낸다.

왼쪽부터 영화 <밀수>, <킬링로맨스>, <드림팰리스>, <비닐하우스>, <다음 소희>

<다음 소희>,
희망과 절망 사이에 밀착된 현장실습 조명

<다음 소희> 또한 현실과 매우 밀착된 영화다. 특성화 고등학교 학생이 콜센터에 현장실습을 나갔다가 스스로 생을 마감한 실제 사건이 모티브로, 현장실습생의 사망 사건이 그리 낯설지 않은 뉴스가 됐다는 점에서 영화로 들어가는 길목에서부터 슬픔과 안타까움을 전한다. <다음 소희>는 죽음의 진실을 미궁에 숨겨두는 등 장르물의 구조를 빌리지 않고, 그러니까 한 학생이 죽음이라는 사건에 이르는 과정을 있는 그대로 보여주는 방식으로 절망스러운 현실을 극화한다. 춤추는 걸 좋아하고 항상 활발한 10대 소녀 소희(김시은)는 졸업을 앞두고 콜센터에서 현장실습을 시작한다. 영화는 꼼꼼한 취재를 바탕으로 콜센터의 구조가 어떤 방식으로 노동자를 옥죄는지 묘사하고, 소희에게 가까이 다가가 답답함을 나눈다. <다음 소희>는 소희의 죽음이라는 커다란 단절을 영화의 중심에 둔다. 영화의 후반부를 이끄는 형사 유진(배두나)은 참담한 세상에 대해 분노하는 동시에, 회사, 학교, 교육청, 노동청이 서로 무한히 책임을 떠넘기는 악순환의 풍경을 마주하는 역할을 도맡는다. 영화는 유진의 입을 빌려 희망과 절망 사이에서 끈질기게 버티며 내일의 비극을 막아보자고 이야기한다.

<같은 속옷을 입는 두 여자>,
뒤틀린 모녀 관계, 그 집요한 원망

서로 다른 세대의 여성 인물, 그중에서도 모녀 관계에 대한 주목은 최근 한국 영화를 논할 때 빼놓을 수 없는 화두다. 복합적인 감정으로 뒤엉켜 함께 행복과 불행을 끊임없이 오가는 사이. 서로 미워하면서 사랑을 갈구하고, 상대를 불편해하면서도 안락함을 찾는, 말 그대로 복잡미묘한 사이. 젊은 세대의 여성 감독들은 극영화와 다큐멘터리를 오가며 그러한 모녀 관계의 여러 면모를 살피는 중이다. 김세인 감독의 장편 데뷔작 <같은 속옷을 입는 두 여자>는 그러한 일련의 작품 중 아마 가장 크게 주목받은 영화일 것이다. 부산국제영화제에서 첫선을 보인 후 베를린국제영화제에까지 초청된 이 작품은 서로를 죽일 듯이 치고받는 모녀, 수경(양말복)과 이정(임지호)의 이야기를 다룬다. 영화는 정말 끝까지 간다. 쌍욕과 손찌검은 기본에, 인물들은 자기 자신의 바닥을 들여다보는 과정도 고통스럽게 거쳐야만 한다. 너 때문에, 당신 때문에 내가 이렇게 살고 있다는 원망의 실체를, 이 뒤틀린 모녀의 관계를 영화는 집요하게 파고들며 끝내 자립의 문제를 중심에 가져다 놓고 질문의 자리를 마련한다.

<비밀의 언덕>,
성장의 계절에 내 안의 얼룩 마주하기

내 안의 얼룩을 마주하며 나를 더 큰 세상에 자리하게 하는 건 열두 살 소녀에게도 중대한 과제다. 90년대를 배경으로 삼은 <비밀의 언덕>에서 가족 때문에 고민이 많은 명은(문승아)은 비밀 하나를 가슴에 묻은 뒤 성장의 계절을 맞이한다. 시장에서 젓갈을 파는, 불우이웃 돕기에는 10원조차 아까워하는 부모가 부끄러운 명은은

왼쪽부터 영화 <같은 속옷을 입는 두 여자>, <비밀의 언덕>, <올빼미>, <희망의 요소>, <물안에서>

가정환경조사서에 회사원 아빠와 가정주부 엄마의 존재를 만들어 써넣는다. 아직 소녀에게는 원하는 만큼만의 세상이 필요하다. 그러나 글쓰기를 시작하며 명은의 세계는 넓어진다. 비단 긍정적인 의미에서만은 아니다. 그간 외면하고 회피해 온 것들, 그 과정에서 생긴 거짓말의 얼룩과 자기만족적인 세계의 균열을 마주해야 한다는 뜻이기도 하기 때문이다. 물론 영화는 더 큰 세상을 마주하며 솔직함의 의미를 마주하는 명은을 매몰차게 대하지 않는다. 사려 깊으면서도 나름의 부족한 면을 지닌 어른들이 소녀와 발을 맞추어 걷고, 좀 더 일찍 세상의 어두운 면을 알아버린 친구들이 무심한 얼굴로 등을 토닥여 준다. <비밀의 언덕>은 누군가의 미성숙한 시기를 정확하고도 너그럽게 보아주는 고마운 영화다.

<올빼미>, 소현세자의 죽음을 목격한 침술사…
그 총체적 진실

<올빼미>는 20세기 이전으로 거슬러 간다. 인조실록에 남겨진 짧은 기록에서 출발해 여백을 채운 이 사극은 학질(말라리아)을 앓았다는 소현세자의 죽음에 미처 전해지지 못한 비밀이 있을지도 모른다고 상상한다. 흥미로운 건 주인공 경수(류준열)의 존재다. 침술사인 그는 앞을 못 보는 시각장애인인데, 빛이 하나도 없는 어두운 곳에서는 희미하게 볼 수 있는 일종의 '주맹증'을 지니고 있는 것으로 묘사된다. 가난한 침술사인 그는 아픈 동생의 병을 고치기 위해 입궐하여 내의원에 들어간다. 영화는 앞을 못 보는 주인공을 따라가며 소리의 풍경을 그려내는 데 집중하기도 한다. <올빼미>는 어두운 곳에서는 볼 수 있는 주인공의 상태를 활용하는 흥미로운 스릴러물이자, '본다'는 문제를 다루는 한국 영화의 한 경향을 보여주는 작품이기도 하다. 촛불 꺼진 어두운 방에서 경수는 소현세자가 죽음에 이르는 과정을 목격한다. 그것을 증명할 수만 있다면 진실을 밝히고 그 자신의 누명도 벗을 수 있다. 그 과정은 추격과 반전이 혼합된 액션 스릴러 장르의 모양새로 드러난다. 지난 몇 년간, 한국 영화는 증거의 보존 및 폭로를 작품의 전략으로 삼았다. 여기엔 명백하고 객관적인 증거, 중립적이고 투명한 눈이라는 신화가 있다. <올빼미>는 흥미롭게도 마지막 길목에서 증거가 무력해지는 순간을 담는다. 그렇게 총체적 진실에 다각도로 접근할 가능성은 다시 열린다.

<희망의 요소>,
어긋난 부부의 손에 잡히지 않는 이야기

클로즈업된 신체 이미지, 손과 발을 비추며 시작하는 <희망의 요소>는 부부의 이야기를 담고 있지만 서사가 아닌 이미지의 반복을 통해 나아가는 영화다. 사정은 그리 밝지 않다. 주인공은 8년을 함께 산 부부이지만, 아내(박서은)는 다른 남자를 만나고 있고, 남편(이승훈)은 집에 틀어박혀 소설만 쓴다. 파편화된 신체 이미지가 이들의 균열을 먼저 알린다. 두 사람의 몸은 물론이고 손, 발도 좀처럼 만나지 않는다. 게다가 남편은 아내의 눈도 제대로 못 본다. 여기에 도대체 어떤 가능성이 있을까. 그런데 놀랍게도 시선의 조정, 행동의 반복, 소리의 변화 등으로 생기는 화면 구성의 미세한 차이들이 이들의 관계를 점차 예상치 못한 곳까지 몰고 간다. <희망의 요소>

는 구체적인 이미지들을 통해 마침내 손에 잡히지 않는 희망을 짐작케 하는 작품이다. 영화는 이야기를 표현하는 것이 아니라 이야기를 만들어 내는 이미지의 힘을 믿는다.

〈물안에서〉, 세상과 불화하는 청년의 흔들리는 마음

〈물안에서〉는 처음부터 끝까지 아웃포커스, 즉 초점이 인물이나 배경에 정확히 맞지 않는 채로 촬영된 영화다. 세부는 뭉개지고 윤곽은 흐릿하기에, 영화를 보는 내내 도대체 무엇을 봐야 하는가 하는 관람자의 근본적 질문을 붙들게 될 수밖에 없다. 영화의 등장인물은 세 명으로, 성모(신석호)의 부탁으로 모인 상국(하성국)과 남희(김승윤)가 바람이 많이 부는 어느 섬에서 영화를 만든다는 것 정도가 기본 뼈대다. 영화 찍는 사람들이 주인공이지만, 〈물안에서〉는 창조의 고뇌보다는 어디에도 머물지 못하고 원하지도 않는데 태어나 애쓰고 힘들게 사는, 세상과 불화하는 청년의 흔들리는 마음과 더 가깝다. 성모는 그런 상태로, 아직 무엇을 찍어야 할지 모르는 채로, 그러나 무언가 담을 수 있길 바라며 영화를 찍는다. 그러니까 단단하지 않은 남자가 흐릿한 영화 속에서 영화를 찍고 있는 것이다. 〈물안에서〉는 그러한 인물의 상황에 또렷한 사운드를 중첩시키며 한 편의 영화에 겹쳐진 여러 개의 층을 환기한다. 그렇게 이 영화는 홍상수의 전작들과 또 다른 방식으로 영화 매체의 곤란을 다룬다. 대상으로 삼는 시간, 공간, 존재의 단일성을 보장할 수 없는, 언제나 흔들리게 마련인 그런 영화의 운명이 여기 새겨져 있다. ⒟

글·손시내
영화평론가. 2016년 한국영화평론가협회에서 주관하는 영평상에서 신인평론상을 받았다. 본지에 영화평론을 정기 기고하고 있으며 한국독립영화협회 비평분과에서 활동 중이다.

'블랙핑크'의 시뮐라르크적인 재현…
작아지는 인간

창조란 현실과의 대화를 통해 현실을 재구성하는 매우 독특한 행위다. 하지만 컴퓨터의 놀라운 연산능력은 이런 특수한 인식 행위를 마구 뒤흔들고 있다. 메타버스의 하이퍼리얼리즘에서 인공지능이 생성하는 이미지에 이르기까지, 결국 예술은 알고리즘 속에 녹아 흔적 없이 사라질 것인가?

에리크 사댕▮철학자

여기 모든 것은 생생한 현실을 담고 있다. 적어도 그것이 현실의 변형이라는 단서를 찾아내기 전까지는 말이다. 강렬한 색상, 완벽함의 이상(적어도 세계화된 광고계의 규범이 빚어낸 이상)을 구현해놓은 듯한 젊은 여성들의 육체와 얼굴, 세련된 도시 공간, 실내 인테리어, 가구, 의상, 소품 등등. 모든 것이 현실을 고스란히 옮겨놓은 듯 보인다. 하지만 실제로 실물 그대로인 것은 단 하나도 없다.

케이팝의 대표주자, 한국의 유명 걸그룹 '블랙핑크'의 뮤직비디오 〈셧다운〉. 이 뮤직비디오는 최근 몇 년째 진화를 거듭 중인 재현체계의 가장 완성된 버전을 체험하게 해준다. 그것이 바로 실제와 가상의 경계가 무너진 모호함의 단계다. 디지털 카메라 촬영, 리터치, 크로마키, 합성 이미지 삽입 등 각종 기법으로 인해 이제는 실제로 촬영한 부분과 조작된 부분을 서로 구분하기가 사실상 불가능해졌다. 게다가 각각의 픽셀도 정밀한 계산에 의해 재구성되고, 각종 보정작업(형태, 색상, 명도 등)을 거치기 일쑤다. 그래야만 대중을 홀리는 마력을 발산할 수 있기 때문이다.

'블랙핑크'의 비주얼적 측면, 시뮐라크르 구현

이러한 양식은 때로는 모든 것을 실제처럼 보이게 만들려는 의도를 숨기지 않는다는 점에서 거의 브레히트적인 경지로까지 나아가기도 한다. 하지만 결과는 '비현실적인 현실'이라고 평해야 할까. 케이팝이 미의 교범으로 추앙하는 비주얼적 측면은 특히 1997~2010년에 태어난 'Z세대'를 상대로 강력한 마력을 발휘한다.

도상학적 측면은 일종의 '철학'에 바탕을 두는데, 그 기본 원칙은 다음과 같다. 우리는 더 이상 현실에 종속될 필요가 없고, 현실과는 전혀 다른 토대를 바탕으로도 상상계(혹은 삶에 대한 생각)를 빚어내는 것이 충분히 가능하고, 또 바람직하다는 생각이다. 이때 새로운 토대란 단단한 땅 위에 서 있지 않다. 그런 만큼 황홀한 기분을 선사한다.

이러한 차원은 특히 블랙핑크의 뮤직비디오에 등장하는 젊은 여성들의 모습에서 한층 더 배가된다. 사실 이 여성들이 대표하는 곳은 (브라질과 더불어) 세계에서 성형수술이 가장 보편화된 한 나라(한국), 심지어 시뮐라크르의 편재를 논한 장 보드리야르의 이론이 존재들의 몸과 삶으로 오롯이 체현되고 있는 곳이다. 현실의 요소를 입맛에 맞게 재설정하는 것은 이 시대의 대표적인 특성이자, 엔터테인먼트 산업의 새로운 수익원에 해당한다.

사실 블랙핑크의 뮤직비디오나 가히 '아바타의 미학'(2009년과 2022년 개봉한 제임스 카메론의 두 영화 제목에서 따온 용어)으로 칭할 만한 비슷한 종류의 창작물들의 차원을 뛰어넘어, 이런 종류의 이미지 체계는 앞으로 우리가 재현과 맺게 될 관계를 보여주는 예고편에 해당한다. 머지않아 현실을 도외시하고, 더 나아가 격하하는 새로운 재현 방식이 주류로 자리 잡게 될 것이다.

재현의 특징은 기존에 이미 존재하는 요소들과 일정한 관계를 맺고 있다는 점이다. 과거 대 플리니우스가 그림의 기원에 대해 서술한 신화를 잠시 떠올려보자. 이 신화에 따르면, 그림의 역사는 한 여성의 재기발랄한 기지에서 비롯됐다. 머지않아 머나먼 이국땅으로 원정을 떠나게 될 연인을 기억에 담기 위해 잠든 사내의 얼굴을 잠시 등불을 비춰 벽에 드리워진 그림자를 '선으로 따라 그은' 것이 회화의 모태가 됐다. 이처럼 현실과의 유사성에 입각한 원칙은 거의 모든 시대에 걸쳐 데생, 회화, 사진 등에서 불변의 법칙으로 통용됐다. 사실상 모든 시뮬라크르는 다양한 형태로 변주된, 현실이 남긴 자국이나 흔적에서 유래했다. 그림이나 사진이 지닌 추상성은 현실과의 고리를 완전히 끊어내는 법이 없었다. 그저 우리 앞에 놓인 인식을 자극할 만한 형태로 존재하는, '객관적인' 지시대상에서 해방된, 새로운 모습의 현실을 구현하는 것뿐이었다.

인류의 존재방식과 문명을 증명한 라스코 동굴벽화

적어도 구석기 시대 이후로 인류가 생각해온 이미지, 다시 말해 재현의 특징은 이미 존재하는 무엇인가가 무한히 다양한 방식으로 변주되어 나타난다는 점에 있다. 한 마디로 세계와 본질적으로 능동적인 관계를 맺고 있다고 말할 수 있다. 가령 라스코 동굴의 벽화는 단순히 세계를 바라보는 데 만족하지 않고, 세계를 이해하는 자신들의 관점을 다른 이들에게 보여주기를 바라는 인류의 존재 방식과 문명을 고스란히 증명한다. 사실상 현실과의 모호한 관계가 아니라, 현실과의 혼란스럽고도 불만족스러운 관계가 바로 현실의 일부 요소를 재구성하거나 새롭게 재배열하도록 이끄는 동인이었다. 바로 그런 방식을 통해 현실의 은폐된 차원을 폭로하거나, 새로운 측면을 부각하려고 했던 것이다. 그런 이유에서 예술 작품은 상상력에 호소한다고도 말할 수 있다. 다시 말해 현실의 조각들이 언제나 우리의 창의적인 주관성이 지닌 순수한 자유와 격돌하게 한다.

반면 생성형 인공지능(AI)은 정확히 그와는 정반대로 작동한다. 기본적으로 존재자와의 창의적인 관계가 지니는 역동성을 AI는 억제한다. 생성형 AI는 이른바 '러닝' 기술을 활용해 데이터베이스 안에 저장된 무수한 이미지들을 뒤져, 순식간에 일정한 묘사어에 부합하는 미술 작품이나 사진, 그림의 모사품을 만들어낸다. 가령 '어느 여름날 정오, 지중해 해안에서 모래성 쌓기에 골몰한 5살짜리 꼬마'라는 명령어 따위를 생각해볼 수 있을 것이다. 한편 우리는 동일한 메커니즘에 의해 동영상도 만들어낼 수 있다. 이러한 작동원리만 따른다면, 인터넷에서 로봇이 분류하고 분석한 수많은 이미지를 바탕으로 그 밖의 다른 무수한 이미지도 생성해낼 수 있다. 여기에서는 과거나 동시대의 작품들을 보고 배운 후('우리는 미술관에서 그림 그리는 법을 배운다'라고 했던 오귀스트 르누아르를 떠올려보자) 비로소 자신만의 고유한 작품을 창작해내는 학생의 모습과는 그 어떤 공통점도 찾아볼 수 없다. 학생에게 있어서 역사가 남긴 유산이나 동시대의 자료는 결코 일종의 데이터베이스, 즉 생명력이 결여된 단순한 기록이 아니다. 오히려 자신의 것으로 다채롭게 소화하는 과정에서 계승하거나, 발전시키거나 혹은 반박해야 할 소중한 성취물들에 해당한다. 한 마디로, 그것은 일정한 지시에 '정확히' 부합하도록 프로그래밍된 기계와는 전혀 거리가 먼 것이다.

이미지는 인식의 차원, 언어는 의미작용의 차원

사상 최초로 재현의 방식은 일종의 직역 번역에 기초하고 있다. 본질적으로 서로 다른 두 상징 분야인 언어와 이미지 간에 완벽한 등가어를 상정하는 데서 비롯되고 있다. 문장이 일정한 의미를 지시하듯, 단어는 일정한 사물을 지칭한다. 반면 이미지는 형태, 윤곽, 색상 등으로 구성되지만, 결코 엄격하게 규정되고 분류된 기호 체

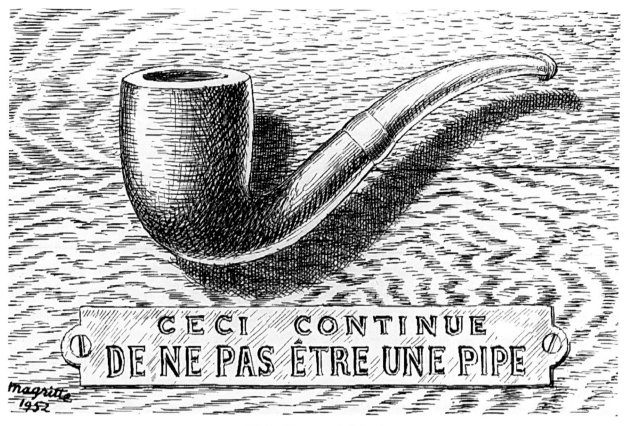

<CECI CONTINUE DE NE PAS ÊTRE UNE PIPE>

<이미지의 배반>, 1952 - 르네 마그리트

계로만 환원되지 않는다. 그런 의미에서 이미지는 인식의 차원(인식은 사고를 자극할 수 있지만 그것은 어디까지나 최초의 감각을 바탕으로 한다)에 속하지만, 언어는 의미작용의 차원에 속하는 것이다.

이제 이미지는 언어에서 직접 파생되고, 검색·키워드·'프롬프트'(명령어)를 바탕으로 생성된다. 하지만 창작자에게 그림은 결코 일정한 명령어의 산물이 아니다. 그것은 사고, 꿈, 행위, 시도, 망설임, 실패, 발견 등 언어의 지배와는 동떨어진 모든 과정이 빚어낸 결과다. 그런 의미에서, 생성형 체계의 가장 큰 변혁은 언어가 이미지를 전적으로 지배하는 데 있다고 말할 수 있다. 알고리즘의 차원에서 이미지의 내용을 결정짓는 것은 바로 언술이다. 반면 예술적 행위는 그와는 정반대다. 예술적 행위는 사전에 계획에 정확히 들어맞는 성과물을 만들어내려고 추구하는 일이 없다. 오히려 자유로운 실험에 몸을 내맡긴다. 각자 계획한(혹은 꿈꾸는) 길이 얼마나 다양할 수 있는지를 보여주며, 각종 선택을 통해 작가

의 고유성(시그니처)을 곳곳에서 입증해 보인다.

재현의 '정신의학적 모멘트'

바로 그런 의미에서 우리는 어떤 식으로도 현재 새로운 이미지 체계가 출현한 것이라고 진단하기는 힘들다. 현재 나타나고 있는 현상은 그저 점점 시각적인 것으로 모든 사물의 이치를 이해하려는 우리의 바람이 도상학적 차원으로까지 확대된 것에 지나지 않는다. 그런 의미에서 이 현상은 넓은 의미에서 재현의 '정신의학적 모멘트'로 이해하는 것이 더 적절하다. 조만간 우리를 둘러싼 환경이 더 이상 현실의 특징인 우연성에 의해 조성되지 않는다고 한번 가정해보자. 그 대신 개인이나 집단이 희망하고 지시하는 바에 따라 조성되거나, 전적으로 로봇에 의해 생성된다고 상상해보는 것이다.

가령 업무 효율을 높이거나 소비자가 지갑을 열게 만들 최적화된 시각적 환경을 '창조'해내기 위해서 말이

다. 이를테면 (여기저기 '프롬프트'에 의해 설계된) 고대 이집트나 그리스 역사를 배우는 고등학교 역사 수업을 떠올려볼 수 있다. VR 헬멧을 착용한 학생들이 (자신들의 아바타를 통해 인공적으로 조성된 환경 속으로 들어가) 당대의 시장을 거닐며 고대의 건축물이나 의상, 상품을 관찰하고 현지인과 대화를 나누며, 그들의 생활방식이나 관습에 대해 질문하기도 한다. 물론 이때 학생들은 제 입맛에 맞추어 '자유롭게' 과거의 시대를 여행한다고 말할 수 있다. 하지만 그것이 전부는 아니다. 그 외에도 학생들은 각자의 현실에 맞춰 알고리즘이 추천하는 정보들, 가령 자신의 부족한 부문을 보완해주거나 혹은 각자의 관심사에 따라 더욱 풍요로운 지식을 함양해줄 정보들도 함께 학습하게 될 것이다.

생성형 AI, 언어와 이미지의 도식화된 관계 중시

사실 모든 인간이 가장 바람직한 인간상에 부합하도록 만드는 것이야말로 가장 궁극적인 교육의 표본이라 할 수 있다. 가령 어니스트 클라인의 소설 『플레이어 원』(스티븐 스필버그가 2018년 만든 영화 〈레디 플레이어 원〉의 원작)에 나오는 교육시스템처럼 말이다. 소설 속 학생들은 각자에게 최적화된 맞춤형 교육(하지만 무엇이 가장 최적화된 교육인지를 결정하는 것은 누구인가?)을 오로지 인터넷을 통해서만 받는데 이는 교육에 대한 공공 투자를 최소화하는 길이라는 점에서 의미심장하다.(1) 이러한 풍경은 종국에는 충분히 그 밖의 다른 공공 및 민간 서비스에도 똑같은 모델이 적용될 수 있음을 여실히 보여준다. 바로 그런 이유에서 우리는 단지 메타버스와 생성형 AI의 결합을 통해 일종의 평행 세계가 출현하는 것만 지켜보게 되는 것은 아닐 수 있다. 단순히 앞선 허구의 이야기를 넘어, 실제로는 (특히 디지털 산업이 가장 먼저 구축하게 될) 최대한 모든 변수와 결함이 제거된, 거대한 수익을 벌어들일 목적에서 극도로 개인 맞춤화된 관계들로만 재구성된 세계를 마주하게 될 수도 있다. 물론 이념적인 목적에서 생성된 세계의 가능성 역시 무시할 수 없다. 이 역시 분명 우리가 결코

사소하게 치부할 수 없는 문제 중 하나일 것이다.

더욱이 오늘날 'AI 미드저니'나 '달리-2'처럼 모든 사람이 쉽게 다룰 수 있는 이미지 조작 툴이 대대적으로 개발되고 있다. 어느새 각종 추악한 수법과 끔찍한 궤변으로 얼룩진 알고리즘을 통해 생성된 텍스트나 가짜 사진(fake pictures)들로 도배된 새로운 환경이 창출되고 있다. 이처럼 더 이상 진짜와 가짜를 구분할 수 없는 현상이 보편화되면서, 정신적 혼돈을 가중하는 산업 역시 더욱 활개를 치고 있다. 가령 업계는 심지어 AI가 생성한 텍스트나 이미지를 판별할 수 있는 AI까지 개발해내고 있을 정도다. 앞으로 등장할 새로운 세계는 단순히 우리의 감각을 현혹하는 데 그치지 않을 것이다. 심지어 사회의 근간을 이루는 원칙인 인류 공동의 지표까지 모조리 허물어버릴 위험이 있다.

어느새 우리는 '도구적 합리성'(instrumental rationality)이 상징체계를 지배하는 혼돈스러운 세상에 살고 있다. 하지만 시는 분명 인간이 언어를 오로지 소통의 수단으로만 사용하는 데서 벗어날 수 있는 능력이 있음을 여실히 증명해 보였다. 그런가 하면 미술작품도 완전한 자유의 시도에 해당한다. 요컨대 예술은 인간이 무한히 새로운 방식으로 현실과 물질을 주관적으로 재구성할 수 있는 특수한 능력을 펼쳐 보일 수 있게 해준다. 반면 생성형 인공지능은 사적인 이익이나 단선적인 세계관을 전달하는 알고리즘에 의해 규정된, 언어와 이미지의 도식화되고 왜곡되고 기만적인 관계만을 중시할 뿐이다. 그런 의미에서 이러한 시스템을 완성하는 데 매진하는 자들은 결국 우리 모두의 내면에 깃든 모든 인간적인 재능을 침해하는 결과를 자초하고 말 것이다. ⒅

글·에리크 사댕 Éric Sadin
철학자. 본 기사는 저자가 저술한 『La Vie spectrale. Penser l'ère du métavers et des IA génératives 유령 같은 삶. 메타버스와 생성형AI의 시대에 대해 생각하다』(Grasset, Paris, 2023)에서 일부를 발췌했다.

번역·허보미
번역위원

(1) Ernest Cline, 『Player One 플레이어 원』, Michel Lafon, Neuilly-sur-Seine, 2013년.

색채가 빚어내는 사유의 세계

필리프 파토 셸레리에 ▮기자

사화학자이자 예술가인 프랑스계 캐나다인 에르베 피셔는 에세이를 통해 서양에서 인간의 무의식을 지배하는 '색'이라는 규범이 시대에 따라 어떻게 변화해 왔는지 분석했다. 피셔는 종교계, 정치계, 경제계 엘리트들이 어떻게 색이라는 '시각적 언어'로 의사를 표현하고, 색채 체계가 사회구조와 유사하다는 '사회 색채 법칙'을 이용해 어떻게 사회질서를 은연중에 강요했는지 보여준다.(1) 그는 "사회질서가 흔들릴 때는 색채 체계에도 반론이 제기되는 반면, (중세시대에 '종교의 본질을 회복하려 했던 것'처럼) 색채 체계가 그대로 수용될 때는 (봉건제나 종교적 권위주의 같은) 이데올로기가 사회를 철저히 통제한다"라고 지적한다. 하지만 색채이론을 구성하는 요소에 사회는 존재하지 않는다. 사회가 색을 이데올로기적 언어로 활용하려 할 뿐이다.

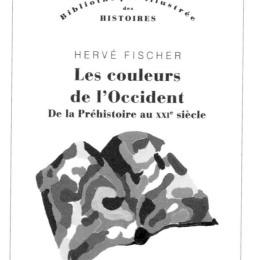

색의 사회적·역사적 흐름을 살펴보면 이해가 될 것이다. 사회가 특정 색을 원하는 틀 안에 넣고 의미를 부여하려 하거나, 특정 색에 특정 인식을 심고 합당한 이유를 찾으려 해도 결국 '왜 빨간색은 매력 있고 파란색은 거부감을 일으키는지' 합리적으로 설명할 수 없다. 색마다 특정 이미지를 심으려는 사회의 강요에 반발도 일어난다. 색은 설명하기 어려운 '신비스러운 힘'을 지니기 때문이다.

색을 두고 여러 세기에 걸쳐 논의가 오갔던 것 자체가 색이 얼마나 신비로운지를 증명한다. 피셔는 그의 지서 『색 서사 분석(Mythanalyse de la couleur)』에서 색을 둘러싼 여러 세기에 걸친 질문을 살펴보고 본인의 생각을 기록했다.(2) 색이란 무엇인가? 색은 어디에서 오는가? 색은 어디에 존재하는가? 과학자 아이작 뉴턴의 이론처럼 색은 프리즘을 통해 빛이 분해된 것일까, 아니면 작가 요한 볼프강 폰 괴테의 이론처럼 인간의 해석에 따라 달라지는 것일까? 화학자 미셸 외젠 슈브뢸이 색채 동시대비 이론에서 주장하듯 색이란 불변하기보다는 인접한 대상의 색에 따라 달라지는 것일까? 에드윈 랜드가 주장한 색채 항등성처럼 조명 및 관측 조건에 상관없이 우리 뇌에서 늘 같은 색으로 인식되는 것일까?

"회색을 칠해본 적이 없다면 화가가 아니다"

파울 클레와 빈센트 반 고흐 같은 화가들이 논한 색채의 심리적 상징성이라는 개인 차원의 가설이 색을 정의하는 것일까, 아니면 인류가 '철학적, 신학적, 과학적 이론'을 만들고 거대 서사를 이뤄오면서 경험한 색이 우리 사회에 그대로 뿌리를 내린 것일까? 왜 흰색은 서양에서는 순결을, 중국에서는 애도를 뜻할까? 피셔는 이런 사회학적 상상력을 그의 저서를 통해 고찰하게 한다. 동시에 무의식 속에 숨어있던, 어릴 적 좋아했던 그 무엇이 찰나를 기록한 사진 한 장으로 되

살아나는 이야기도 담아 개인 차원에서도 '기호나 취향을 발견'하게 해준다.

독일 철학자 페터 슬로터다이크는 화가 폴 세잔의 말, "회색을 칠해본 적이 없다면 화가가 아니다"에서 영감을 받아 "회색에 대해 고찰해 본 적이 없다면 철학자가 아니다"라고 말해 철학계에 파장을 일으켰다. 그는 왜 흰색도 검은색도 아닌 시멘트처럼 무미건조한 회색에 몰두했을까? 회색이 '깊이 사유할 만한 색채'로서의 가치가 있는 것일까? 슬로터다이크는 저서 『회색Gris)』에서 회색빛을 띤 모든 사물에 대해 심오한 지식을 풀어 놓는다.(3)

회색은 양면성의 근원이다. 그래서 슬로터다이크는 "회색은 암흑 속에 빛이 뛰어들 듯 상반된 두 요소가 뒤섞인 결과"라고 말한다. 회색은 또한 타협의 색이다. 흰색과 검은색이 서로 얼마나 타협하느냐에 따라 회색 조는 무한히 탄생한다. 그리고 회색 조가 다양하게 어우러진 덕분에 흑백사진이 탄생하고 소비된다. 플라톤과 마르틴 하이데거 같은 철학자와 프란츠 카프카, 토마스 만, 코맥 매카시 같은 작가 이야기, (황실을 상징하는 짙은 회색을 수도복으로 입어 '회색 추기경'으로 불리던 요셉

신부가 리슐리외 추기경 뒤 실세 역할을 한 이야기를 담은) 종교정치계 이야기를 늘어놓으며 슬로터다이크는 (편견과 달리) 전혀 무미건조하지 않은 회색에 대해 끊임없이 고찰하게끔 한다. **LD**

글·필리프 파토 셀레리에 Philippe Pataud Célérier
기자

번역·류정아
번역위원

(1) Hervé Fisher, 『Les Couleurs de l'Occident, de la préhistoire au XXIe siècle, 선사시대부터 21세기까지 서양에서 색은 어떻게 변해왔는가?』, Gallimard, Paris, 2019년.
(2) Hervé Fisher, 『Mythanalyse de la couleur, 색 서사 분석』, Gallimard, Paris, 2023년.
(3) Peter Sloterdijk, 『Gris, 회색』, Payot, Paris, 2023년.

12월의 〈르몽드 디플로마티크〉 추천도서

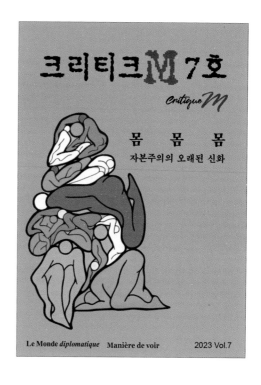

〈마니에르 드 부아르〉 13호 『언어는 권력이다』
르몽드 코리아 편집진 지음

K-문화의 붐을 타고, 세계 곳곳에서 한국어 학습의 열풍이 일고 있고, 서울의 한복판 광화문에 한글을 창제한 세종대왕 동상을 세워 한국어의 위대함을 알리고 있지만, 정작 우리 사회에서는 한국어가 멸시를 당하고 있다. 사회적 발언권이 강한 정치인이나 경제인, 의료인, 언론인, 그리고 문화계 및 방송연예계의 사람들은 아예 한국 사람들끼리 대화하는데도 영어와 일본어 같은 외국어를 당연하다시피 남발한다. 외국어가 한국어보다 고급스러운 듯이 과시하는 그들의 언어는 더 이상 소통의 수단이 아니라, 자신들의 신분이나 계급을 드러내는 권력의 표식 같은 느낌이 든다.

겉으로 보이지 않지만, 언어는 우리의 미세혈관을 파고들어 뇌리에 깊이 예민하게 각인된다. 미셸 푸코의 핵심 개념은 '언어의 권력'이다. 그에 따르면 권력이란 어떤 물리력 행사를 의미하는 것이 아니라, 독점과 배제를 작동하는 언설을 의미한다. 언어가 서로를 이해하고 공감하는 본연의 커뮤니케이션 기능을 잃고, 차별과 배제의 용도로 쓰이다 보니 위정자들의 폭력의 언어가 난무하게 된 것이다.

이런 언어의 위기는 사실 우리만의 문제가 아니다. 『언어는 권력이다』 편은 세계 각국이 직면한 언어의 문제를 심도 있게 진단하고, 언어가 본연의 커뮤니케이션 기능을 회복할 수 있는 방안을 고민한다.

〈크리티크M〉 7호 『몸몸몸, 자본주의의 오래된 신화』
르몽드 코리아 편집진 지음

기 드보르에 따르면 스펙터클한 현대 자본주의 사회에 최적화한 외형은 깔끔하고 날씬하며 호감을 줄 수 있는 '스펙터클한' 이미지를 가져야 한다. 문명화라는 미명 아래 우리 현대인들은 서구인의 '우월한 몸'을 가시적 표본으로 삼아, 허리를 줄이고, 뱃살을 덜어내고, 턱을 깎고, 안면을 거상하고, 가슴을 부풀리는 '근대화 작업'을 벌인다. 어느 누구의 강요를 받지 않았는데도, 필라테스와 요가학원, 헬스클럽에는 멋지고 아름다운 몸매를 가지려는 사람들로 가득하고, 서울 강남에는 성형수술한 이들의 '마스크'가 자주 눈에 띈다.

몸 철학자 모리스 메를로퐁티는 인간 존재의 본질이 영혼이 아닌 육체에 있다고 인식했다. 그는 모든 생명체와 환경의 상호 연결성을 강조하며, 몸은 단순히 기계적인 물체가 아니라 세계와 상호작용하는 주체라고 생각했다. 그러나 자본주의가 극단화한 지금, 우리의 몸은 더 이상 내 것이 아닌 남들에게 보여지는 타자용 피사체로 변질되었다. 너무 극단적인 표현일까?

〈크리티크M〉 7호는 메를로퐁티의 주장처럼 어떻게 하면 몸이 세계에 대한 감각을 통해 세계와 연결되어 있으며, 세계를 통해 자신의 존재를 인식할 수 있는지 집중적으로 논의했다.

『펭귄의 모험』

김태린 지음 | 뜨인돌 어린이

20년차 방송 작가인 김태린 작가가 다큐멘터리 제작을 위해 직접 남극에 다녀온 뒤, 그곳에서 겪은 시각적 경험에 상상력을 가미해 만든 첫 그림책이다. 주인공은 도시에서 나고 자란 펭귄. 화려한 스타의 삶을 누리고 있지만, 워낙 바빠 피곤할 뿐더러 다정한 사람들 사이에서도 외로움을 느끼곤 한다. 그럴 때면 자신과 닮은 것들을 보려고 미술관에 가기도 하는데……. 드디어 남극에 가 볼 수 있는 기회를 얻어 비행기에 오른다! 모든 게 낯선 그곳에서 펭귄은 어떤 모험을 하게 될까?

『무위: 지금 동학이란 무엇인가』

신철하 지음 | 울력

동학은 최제우가 내세운 종교로서, 사람이 곧 한울이라는 인내천 사상을 기본 교리로 한다. 유교로 무장한 양반계급이 지배하던 조선 사회에서 어떻게 그렇게 많은 농민들이 새 종교를 받아들였을까? 또 동학 농민운동이 우리나라 역사상 가장 긴 기간 동안 저항의 불길을 태울 수 있었던 이유는 뭘까? 신철하 교수는 그 비밀을 동학의 '무위'에서 찾고 있다.

『아메리칸 서울』

헬레나 로 지음 | 우아름 옮김 | 마음산책

헬레나 로는 이민자 2세로서 어린 시절부터 의사가 되어 성공해야 한다는 압박감 속에서 자랐다. 의사가 되어서는 동양인 여성에게 가해지는 불평등을 감수하며 지냈다. 폭력적인 남편과의 이혼, 어머니의 자살 시도, 자매간의 불화 등 그의 삶은 상처로 가득하다. 하지만 작가는 이런 경험을 글쓰기로 풀어내며 치유한다. 좋은 딸이자 아내, 엄마, 그리고 의사가 되기 위해 부단히 애썼던 시간들을 긍정하고 더는 스스로를 탓하지 않는 방식으로 자유로워지는 것이다.

『자기생성과 인지: 살아있음의 실현』

움베르또 R. 마뚜라나 외 1인 지음 | 정현주 옮김 | 갈무리

이 책은 살아있는 체계에서 신경계의 작동을 설명하기 위해서는 반드시 그것을 폐쇄적으로 상호작용하는 뉴런들의 연결망으로 이해해야 한다고 말한다. 신경계의 활동이 신경계 자체에 의해 결정된다고 보는 결정론적 접근방법을 통해, 신경계의 폐쇄적 작동의 역학에 근거한 상호작용 체계의 신체성을 생물사회학의 근간으로 제시한다.

신과 우주가 만나는 완전수

안치용 ∎ ESG 연구소장

10은 완전수로 통한다. 종교에서 10은 신과 우주에 맞닿았고 모든 사물과 가능성을 포섭하는 수로 사용된다. 수를 표현하는 방법이 5진법이나 7진법 또는 11진법이 아닌 10진법인 것 또한 비슷한 의미를 지닌다. 물론 인간의 손가락이 10개라는 물리적인 사실이 10진법 표현에 영향을 미쳤겠지만, 그 사실이 완전에 관한 인간의 인지를 발굴하는 데에도 간접적으로 작용하였을 것이라고 쉽게 상상할 수 있다.

종교에서 10의 상징적 역할이 확고하다. 기독교에서 모세가 받은 십계가 대표적이고, 불교에서는 부처의 10가지 이름, 즉 여래십호(如來十號)로 나타난다. 유대교와 기독교에서 신의 이름이 신명사문자(神名四文字) 즉 테트라그람마톤(τετραγράμματον)으로 표시되는데, 창조주의 이름을 나타내는 히브리어 네 글자(יהוה)를 가리킨다. 로마자로는 'YHWH'로 표기한다.

흔히 여호와로 읽은 네 글자이나 지금은 야웨가 맞는 발음으로 보고 있다. 이 히브리어 네 글자 יהוה에서 첫 글자(히브리어는 오른쪽에서 왼쪽으로 읽는다)에 해당하는 요드(יהוה에서 오른쪽 끝 쉼표 모양 글자)가 히브리어 알파벳의 하나이면서 10을 뜻한다. 발음의 혼선은 BC 3세기 이후 유대인이, 과거 한국과 중국 등에서 행한 피휘(避諱)처럼, 거룩한 지존자의 칭호이므로 발음하지 않아 원래 발음이 잊혔기 때문에 생겼다.

꽃과 권력

아름다운 꽃도 10일을 넘기지 못하고, 막강한 권세라고 해도 10년을 넘기지 못한다는 '화무십일홍 권불십년(花無十日紅 權不十年)'의 10은 그러므로 인간사의 한계를 의미하는 숫자이겠다. 박정희나 조선 태종은 18년을 집권했고, 꽃만 해도 백일홍은 '백일 붉은 꽃'이라는 뜻이니 말이다.

꽃은 종종 미인과 등치하기에 미인과 권력에 관해선 수많은 이야기가 전하나, 우리 풍속에서 제일 널리 알려진 것은 춘향전의 춘향과 변사또 이야기이지 싶다. 그 중에서도 수청을 거부한 춘향에게 곤장을 치자 한 대 한 대 열 대를 맞으며 행한, 변사또에게 맞선 연설(혹은 노래)인 춘향의 십장가(十杖歌)가 유명하다. 낯선 어휘가 들어 있어 완전하게 알아듣지 못한다고 하여도 대충의 분위기를 짐작하는 데에는 어려움이 없다.

집장사령 거동을 보아라. 별형장(別刑杖) 한 아람을 덥숙 안어다가 동(東)뜰 밑에다 좌르르… 펼쳐놓고 형장(刑杖)을 고른다. 이놈도 잡고 늑끈 능청 저놈도 잡고 늑끈 능청 그 중의 등심 좋은 놈 골라 쥐고 갓을 숙여 대상을 가리고 사또 보는 데는 엄령이 지엄허니 춘향을 보고 속 말을 헌다. "이애 춘향아, 한 두개만 견디어라. 내 솜씨로 살려 주마. 꼼짝 꼼짝 말아. 뼈 부러지리라." "매우 쳐라." "예이." 딱. 부러진 형장 가지는 공중으로 피르르 떨어지고 동뜰 위의 춘향이는 아픈 말을 퇴심 실어 아니 허고 고개만 빙빙 돌리면서, "일자로 아뢰리다. 일편단심 먹은 마음 일부종사 나뿐이요 일개형장이 웬일이요. 어서 급히 죽여주오." "매우 쳐라." "예이." 딱. "이자로 아뢰리다. 이부불경 이내 마음 이군불사(二君不事) 다르리까. 이비(二妃) 사적 아옵거든 두 낭군을 섬기

리까. 가망 없고 무가내요." 삼자 낫을 딱 붙이니, "삼생가약 맺은 언약 삼종지법(三從之法) 알았거든 삼월화(三月花)로 알지 마오." 사자를 딱 붙여노니, "사대부 사또님이 사기사(事其事)를 모르시오. 사지를 짝짝 찢어서 사대문에다 걸드래도 가망 없고 무가내요." 오자로 또 붙이니, "오자로 아뢰리다. 오마(五馬)로 오

신 사또 오륜을 밝히시오. 오매불망 우리 낭군 잊을 가망 정녕 없소." 육자를 딱 붙여노니, "육부의 맺힌 마음 육시허여도 무가내요." 칠자 낫을 붙여 노니, "칠척검 높이 들어 칠 때마다 동갈러도 가망 없고 무가내요." 팔자 딱 붙이니, "팔방부당 안될 일을 팔짝 팔짝 뛰지 마오." 구자를 또 붙이니, "구중분우(九重分憂) 관장

되어 궂은 짓을 그만하오. 구곡간장 맺힌 마음 어서 급히 죽여 주오." 십자를 딱 붙여놓니, "십장가로 아뢰리다. 십실 적은 고을도 충령이 있삽거든 우리 남원교방청에 열행 하나 없으리까. 십맹일장 날만 믿든 우리 노모가 불쌍허오. 이제라도 이 몸이 죽어 혼비중천 높이 떠 도령님 잠든 창전(窓前)에 가 파몽(破夢)이나 이루어지고. (보성소리 성창순 〈춘향가〉 중에서)

"달리 어찌할 수 없음"을 뜻하는 무가내(無可奈)란 단어를 자주 쓴 춘향이 10대를 맞고 마지막에 한 말은 죽어서 이몽룡의 방 창가에 가서 잠든 몽룡의 꿈이나 깨우겠다는, 죽음을 불사한 절개의 맹세이다. 조선시대 이야기니, 페미니즘은 접어두자. 실제 사건인지, 실제 사건이라면 진짜로 때렸는지 아니면 때린 척만 한 허장(虛杖)이었는지 상상하기 나름이나 절개에 못지않게 춘향의 기개가 대단하다. 춘향은 열흘 동안 세 번 매를 맞았다고 한다. 한 번에 당시 형법의 한도인 30대씩 모두 90대가량을 맞은 것으로 추정된다.

장의 종류에 따라 춘향이 입은 부상과 후유증이 달라지겠지만, 실제로 맞았다면 몽룡의 어사출두 이후 두 사람의 해피엔딩은 불가능할 수도 있다. 그 정도로 매를 맞으면 죽거나 살아도 몸이 온전하지 못한다. 춘향전의 해피엔딩은 당시로선 무가내에 해당하기에 흠잡을 일은 아니다. 온갖 총알과 폭탄이 주인공만 피해 가는 할리우드 영화를 우리

가 탓하지는 않지 않는가.

춘향전 혹은 춘향가의 사회적이고 역사적인 해석은 논외로 하고, 십장가의 10이 말함직한 그런 완전한 사랑이 당대나 지금이나 '어떤' 온기를 전하고 있음을 기뻐하자. 그 어떤이 어떠한 어떤인지 막상 설명하기 힘들지만, 이 대목에서 어떤이 어떤 어떤인지를 꼭 파헤쳐야 할 이유는 없지 않을까. 완전한 사랑이 존재하였다는 전설만으로 충분하다.

축구의 신

로베르토 바조, 펠레, 네이마르 주니오르, 리오넬 메시, 지네딘 지단, 킬리안 음바페. 이들의 공통점은? 이들이 각자의 국가대표팀에서 단 등 번호가 10번이다. 축구의 신이 있다면 이들을 닮았을 것이다. 혹은 이들이 축구의 신을 닮았을 것이다. 이들을 합쳐서 하나의 존재로 만들면, 어쩌면 축구의 신에 흡사한 모습이 나오지 않을까. 축구의 신을 만들 수 있는 10명의 축구 선수의 명단을 만들면 어떤 이름이 올라갈까.

십원동전과 십원빵

십원빵은 십원동전 모양의 빵으로 경상북도 경주시 속칭 황리단길에서 2020년대 들어 인기를 끌기 시작한 먹거리다. 기존 풀빵의 디자인과 맛을 개량한 일종의 길거리 음식이다. 경주에서 유래한 이유는 십원동전에 든 다보탑 때문이지 싶다. 다보탑은 법흥왕 22년(535년) 불국사 창건 이후 경덕왕 10년(751년) 김대성의 발원으로 불국사를 중건할 때 옆에 있는 불국사 3층 석탑과 함께 수축(修築)한 것으로 추정된다. 국보 제20호로 높이 10.4m, 기단 폭 4.4m이다.

빵의 디자인은 최초 십원동전인 1966년도 것을 참고했다. 십원동전은 약 60년 세월 동안 네 종류가 발행됐다.

- 1966년 8월 16일: 가 10원 동전 발행. 소재: 황동(구리 88%,

아연 12%), 무게: 4.22g, 지름: 22.86mm, 두께: 1.38mm.
- 1970년 7월 16일: 나 10원 동전 발행. 소재: 황동(구리 65%, 아연 35%), 무게: 4.06g, 지름: 22.86mm, 두께: 1.40mm.
- 1983년 1월 15일: 다 10원 동전 발행. 소재: 황동(구리 65%, 아연 35%), 무게: 4.06g, 지름: 22.86mm, 두께: 1.43mm.
- 2006년 12월 18일: 라 10원 동전 발행. (소재: 구리 도금 알루미늄(구리 48%, 알루미늄 52%), 무게: 1.22g, 지름: 18.0mm, 두께: 1.20mm.

가·나·다 10원동전 사이엔 크기나 무게에 큰 차이가 없으나 라 동전에 이르면 구리 함량이 줄고 아연이 빠지면서 무게가 3분의 1 미만으로 확 줄었다.

한국은행이 십원빵에 대해 주화 도안을 무단으로 사용한 것을 두고 제재를 검토하였으나 고작 10원짜리에 너무 인색하게 군다는 반론에 부딪혀 주춤한 상황이다. 5만 원권 도안을 무단으로 활용했다면 제재의 명분이 있겠으나 10원 주화 도안으로 만든 십원빵 정도는 봐줘야 하지 않느냐는 의견이 많은 듯하다. 일본에서 십엔빵을 문제 삼지 않은 상황 또한 한국은행의 마음을 돌리게 하는 모양이다. 지금도 십원빵은 팔리고 있다.

정작 한국은행의 고민은 십원빵의 인기보다 십원동전의 존폐이다. 신용카드를 비롯해 비현금 결제가 보편화하면서 현금 사용이 계속 줄어들고 있는 데다 특히 동전의 역할이 급격히 축소되고 있다. 그중에서도 역할이 유명무실해진 십원동전에 관심이 쏠리고 있다.

한국은행의 '2021년 경제주체별 현금사용행태 조사 결과'에 따르면 가계가 보유하고 있는 동전 중 일상 거래에 사용되지 않는 동전의 비중은 76.9%였다. 동전 4개 중 하나만 금전 거래에 사용되고 있다는 뜻이다. 액면이 낮아질수록 거래에 쓰이지 않고 사장된 비율이 높아서 50원화와 10원화의 방치비율이 각각 89.6%, 89.7%였다. 50짜리 동전과 10원짜리 동전은 10개 중 하나만 상거래에 활용되고 있었다.

현재 발행하는 십원동전은 전술하였듯 무게를 확 줄여서 제작단가가 많이 떨어졌지만 여전히 20원이 넘는 것으로 전해진다. 일원·오원동전이 어느 사이 사라졌듯이 십원동전이 사라지는 것도 시간문제로 보인다. 현재의 흐름으로 보면 거래 단위의 조정 없이 십원동전이 무리 없이 퇴장하는 것이 가능할 전망이다. 현금 사용이 급격하게 줄어드는 가운데 '동전 없는 사회'와 같은 과도적 단계를 자연스럽게 받아들이는 환경이 조성되면 사람들은 디지털 숫자로 찍힌 숫자로만 10원을 인식하는 것을 편하게 받아들일 수 있다.

예컨대 영화적 설정으로 5만 원권을 잔뜩 깔아놓고 매트 대신 쓰는 모양새를 쉽게 상상할 수 있는 반면 십원동전을 모아놓은 매트에서 잠드는 풍경은 괴이하다. 괴이를 앞세운 영화를 만든다면 해볼 만한 시도이긴 하겠다. 연기하느라 그곳에 누운 배우의 등이 감당할지는 별개로 생각하자.

'동전 없는 사회'가 구체화하면 십원빵에 관한 주화 도안 무단 사용 논란이 저절로 잦아들 것이다. 그때 십원빵 값이 얼마일지 모르겠으나 그때까지 십원빵이 살아남아 십원동전의 추억을 일깨워주면 좋겠다. 다보탑도.

여래십호(如來十號)

유대교에서 거룩한 신의 이름을 차마 부르지 못한 것과 반대로 불교에서는 부처의 이름을 부르는 것을 권장한다. 흔히 듣는 "나무아미타불 관세음보살"의 '나무'는 '귀의한다'는 뜻으로 아미타불과 관세음보살에 귀의한다는 경문이다. 야웨 하나님과 예수 그리스도를 중심으로 한 기독교와 달리 불교에는 석가모니불, 아미타불, 비로자나불, 미륵불, 약사불 외에 관세음, 문수, 보현, 지장 등 보살이 공덕상(功德相)으로 화현(化現)한다. 공덕상으로 몸을 나투는 화현 외에 부처를 부르는 이름이 10개나 된다. 여래십호(如來十號)이다.

부처의 10가지 명호는 여래 · 응공 · 정변지 · 명행족 · 선서 · 세간해 · 무상사 · 조어장부 · 천인사 · 불세존이다. 여래를 빼고 불과 세존을 나누어 여래십호라고 하기도 한다. 의미는 다음과 같다.

- 여래(如來, tathāgata): 진리의 체현자(體現者) · 열반(涅

<10계명 석판을 부수는 모세>, 1659 - 렘브란트

槃)에 다다른 자.

- 응공(應供, 阿羅漢, arhat): 세상의 공양과 존경을 받을만한 자.

- 정변지(正遍知, 正等覺者, samyaksambuddha): 올바른 깨달음을 얻은 자. 때로는 무상정등각자(無上正等覺者)로, 정각자(正覺者)로도 불린다.

- 명행족(明行足, vidyācaraṇa-sampanna): 지(知)와 행(行)이 완전한 자.

- 선서(善逝, sugata): 훌륭하게 완성한 자.

- 세간해(世間解, lokavid): 세간, 즉 세상을 완전히 이해한 자.

- 무상사(無上士, anuttara): 위로는 더 이상 없는 최상의 존재.

- 조어장부(調御丈夫, puruṣa damyasārathi): 사람을 조어(調御)하는 데 있어서 훌륭한 능력을 가진 자.
- 천인사(天人師, śāstā devamanuṣyānām): 신(神)들과 인간의 교사, 곧 사람과 하늘의 대도사(大導師)를 말한다.
- 세존(世尊, 婆伽婆, 薄伽梵, bhagavat): 복덕(福德)을 갖춘 자, 즉 높은 스승을 말한다.

경전에서 많이 보는 호칭은 세존이고, 익숙한 호칭은 여래이다. 여래는 여실히 오는 자 또는 진여(眞如)에서 오는 자를 의미한다. 여래가 어느 한쪽을 뜻한다기보다 두 가지 의미를 모두 갖는다고 보아 무방하겠다. 여래 십호의 의미를 새기며 이름을 불러보는 것이 불교에서는 권장사항이다. 차마 부르지 못한 이름이나 목이 터져라 부르고 싶은 이름이나 그 이름은 다가가고 싶은 간절한 마음의 대상이다.

10계명

모세가 작자로 알려진 구약성서의 다섯 경전을 '모세5경'이라 하고, 유대인은 '토라'라고 부르며 신성시한다. 모세5경의 지은이가 모세라는 데에 국내 기독교계는 대부분 이의를 제기하지 않지만 성서학계의 주류학설은 토라를 전승과 집단창작의 산물로 본다.

토라의 하이라이트가 어느 곳이냐에 관해서는 개인적 취향이나 신앙, 교리 등에 따라 달라지겠지만 유대인 입장에서는 모세가 시내산에 올라가 십계명을 받는 장면이 아닐까. 기독교인도 이 대목을 감명 깊게 보았을 수 있지만, 기독교인인 만큼 신약의 예수와 결부할 수 있는 이야기 중에서 더 감동을 찾아낼 가능성이 크다.

영화로도 만들어진 성서의 10계명 장면에서 흥미로운 건 계명이 적힌 석판이 두 개였다는 것. 모세가 시내산에 40일을 있으면서 석판에 하느님의 말씀을 적어 들고 산에서 내려왔다. 이스라엘 백성이 그사이에 금송아지 우상을 만들어 숭배하고 있는 모습을 본 모세는 대노한다. 자기 형 아론까지 우매한 백성과 함께 금송아지 우상을 섬기는 모습을 본 모세는 석판을 던져서 깨버렸

다. 전말을 파악한 모세가 금송아지가 우상 숭배에 가담한 3000명가량의 사람을 숙청함으로써 화를 푼다. 모세가 시내산에 다시 올라가 10계명이 적힌 석판을 다시 받았다.

하나님, 즉 야웨에게서 받은 석판을 화가 난다고 던져서 깨버리는 모세의 기개가 대단하다. 그새를 못 참고 금송아지 우상을 만든 이스라엘 백성의 행태는 어떻게 평가해야 할까. 모세가 시내산에 다시 올라갔을 때 하나님에게 석판에 관해 뭐라고 설명했을까. 야웨는 이미 산 밑의 사태를 알고 10계명이 적힌 석판을 미리 만들어놓았다가 모세에게 전했을까. 유대교 랍비들이 아마 많은 설명을 내어놓았을 텐데….

오디세이아

모세가 이스라엘 민족을 이끌고 광야를 40년 헤매고, 시내산에서 40일 머무르는 등 성서에는 40이란 숫자가 많이 나온다. 다음 단계로 넘어가는 데 필요한 상징적인 숫자로 사용됐다고 보면 된다.

오디세우스는 아가멤논을 도와 트로이 전쟁에 승리하고도 고국인 이타카섬으로 돌아가는 데 많은 시간을 허비하며 고초를 겪었다. 트로이 전쟁 10년, 귀향길 10년으로 20년의 세월을 객지에서 묻었다고 『오디세이아』는 전한다.

트로이 전쟁에 대해서는 실제로 비슷한 일이 있었다고 고고학계가 보지만 기간과 규모에 관해서는 정확하게 밝혀진 게 없다. 출애굽과 마찬가지로 트로이 전쟁은 구체적으로 확인 가능한 명확한 역사라기보다는 종교와 인문의 젖줄로 기능한다. 아무튼 대표적인 그리스 서사시에서 10을 이렇게 사용한 걸 참고하면 고대인에게 10의 의미를 짐작할 수 있다. **lɒ**

글·안치용
인문학자 겸 영화평론가로 문학·정치·영화·춤·신학 등에 관한 글을 쓴다. ESG연구소장으로 지속가능성과 사회책임을 주제로 활동하며 사회와 소통하고 있다.

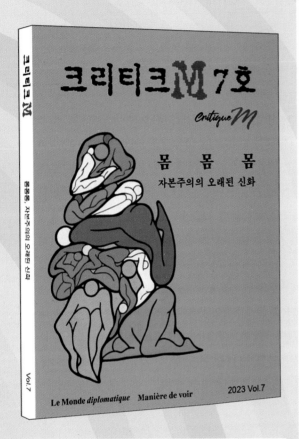

Economy Insight

'중국·유럽의 창' 글로벌 경제월간지 〈이코노미 인사이트〉

글로벌 경제월간지 〈이코노미 인사이트〉는 '진보적 경제'를 향해 열린 창입니다

혼돈스러워 보이는 세계경제를 깊이 있게 이해하고자 하십니까? 한겨레가 발행하는 글로벌 경제월간지 〈이코노미 인사이트〉를 펼쳐보세요. 급변하는 세계경제 소식을 미국 중심의 시각이 아닌 유럽과 브릭스(BRICs)의 시각으로 전해드립니다. 〈이코노미 인사이트〉는 독일 〈슈피겔〉 〈차이트〉, 프랑스 〈알테르나티브 에코노미크〉, 중국 〈차이신주간〉, 영국 경제정책연구센터의 정책 포털(VoxEU.org) 등 세계적인 매체와 제휴를 맺고, 새로운 시각과 입체적인 분석으로 세계경제 소식을 전달해드립니다.

2010 ▶

▶ 202

구독신청 및 판매 문의 1566-9585 | p-dokja@hani.co.kr 구독료 1년 150,000원 | 2년 240,000원(20% 할인) *약정한 구독 기간에 구독을 중단하면 할인 혜택이 없어지며 구독한 부수는 정가 기준으로 적용합니다